ENAMÓRATE
DEL LUGAR
EN QUE ESTÁS

Si este libro le ha interesado y desea que lo mantengamos
informado de nuestras publicaciones, puede suscribirse a
nuestro boletín de novedades en:
www.editorialsirio.com

2ª edición: marzo 2018
Título original: Falling in love with where you are
Traducido del inglés por Francesc Prims Terradas
Diseño de portada: Editorial Sirio, S.A.

©   de la versión original en inglés
    Jeff Foster 2013, 2014

    Publicado inicialmente en inglés en el año 2013 por Non-Duality Press

©   de la presente edición
    EDITORIAL SIRIO, S.A.
    C/ Rosa de los Vientos, 64
    Pol. Ind. El Viso
    29006-Málaga
    España

www.editorialsirio.com
sirio@editorialsirio.com

I.S.B.N.: 978-84-16579-01-3
Depósito Legal: MA-1518-2015

Impreso en Imagraf Impresores, S. A.
c/ Nabucco, 14 D - Pol. Alameda
29006 - Málaga

Impreso en España

Puedes seguirnos en Facebook, Twitter, YouTube e Instagram.

JEFF FOSTER

ENAMÓRATE
DEL LUGAR
EN QUE ESTÁS

EDITORIAL
SIRIO

PRÓLOGO

Tienes en tus manos el potencial de reordenar totalmente tu vida tal como la conoces.

En el curso de mi trabajo en el mundo editorial durante más de veinte años, he tenido la extraña oportunidad de conocer a cientos de los más respetados y realizados maestros espirituales, psicólogos, psicoterapeutas, neurocientíficos y artistas, y trabajar con ellos. De vez en cuando, una voz nueva aparece en escena —desafortunadamente para todos, no muy a menudo— con algo que está totalmente vivo, que emerge de lo desconocido y que abre una puerta hacia los misterios del amor, en los que nunca se acaba de profundizar. Jeff Foster es una de estas voces.

A lo largo de los últimos años me he visto inspirado por Jeff, tanto por su faceta de escritor como en calidad de persona que se preocupa verdaderamente por las vidas de quienes le rodean. He sido testigo de cómo Jeff se ha sentado al lado de seres humanos profundamente desesperados, con mucho miedo y una ansiedad tremenda —incluso rayando el suicidio– que se las habían con lo que realmente significa ser humano. También he visto cómo ha acogido a los buscadores espirituales más devotos y ha creado para ellos un hogar en el que acudir a aliviar el cansancio que la búsqueda de la iluminación espiritual conlleva tan a menudo. En todos estos encuentros comparte –por medio de sus palabras, su silencio y su sintonía amorosa– el regalo de su presencia, sabiduría, claridad y bondad. Jeff nunca deja de ver la hermosura y el potencial de cada persona, que es única, ni del viaje humano.

Como tantos han observado a lo largo de las últimas décadas, a pesar de que las grandes enseñanzas mundiales sobre la no dualidad ofrecen una visión cristalina de la verdadera naturaleza del eterno Yo que se halla más allá de todo lo efímero, estas mismas tradiciones pueden volverse rancias, agotarse, ser adoptadas «de segunda mano» y..., bueno, volverse inhumanas. A veces olvidamos que la esencia de la espiritualidad es un *abrazo* cósmico de la naturaleza relativa, dual, compleja y «pegajosa» de la vida humana. La luz que buscamos no está «en alguna otra parte», sino que ya está brillando a través de la apariencia del yo separado, emanando de nuestras relaciones íntimas e iluminando nuestros sentimientos y emociones más perturbadoras. Tal como revela Jeff de manera tan clara y provocadora, la luz permanece viva incluso en medio de la oscuridad.

Una de las contribuciones más importantes que hace a las conversaciones espirituales es su demanda inflexible de que respetemos nuestra humanidad y de que asumamos el riesgo de ver lo sagrada que es en realidad la «vida ordinaria». Recomiendo de todo corazón su fascinante nuevo libro y espero sinceramente que por medio de las palabras de Jeff

—y del espacio que hay entre ellas— te des cuenta de tu magnificencia y empieces a considerar la posibilidad real de que en realidad nunca has abandonado el Hogar.

MATT LICATA, DOCTOR EN FILOSOFÍA,
(alovinghealingspace.blogspot.com)
Boulder, Colorado,
octubre de 2013

NOTA DEL AUTOR

¿Quién sabe quién escribió esa canción de verano
que cantan al anochecer los mirlos?
Es una canción de color, en que las arenas cantan.
La cantan en carmesí, en rojo y en color de orín,
para después meterse en la cama y convertirse en polvo.

KATE BUSH, *SUNSET*

¿Por qué escribo libros sobre la muda esencia de la vida? ¿Por qué trato de decir lo indecible?

Tal vez «por qué» no sería la pregunta correcta. Parece que cuanto más profundo es el silencio interior con mayor naturalidad fluyen las palabras, con menor esfuerzo. Estas se ven por fin libres de sus grilletes, libres de la cárcel de la conformidad, de la corrección y de la necesidad de gustar e incluso de ser escuchadas. Esta música deliciosa surge de la quietud más pura. Son las notas creativas y juguetonas del mí mismo; expresiones vibrantes del silencio preverbal que está en el centro de todo, invitándote a intimar con tu momento presente, aquí y ahora. Mis palabras son tus palabras y son las palabras de la vida misma, ofreciéndose para siempre a sí mismas en recuerdo de aquello que nunca se ha ido y que está brillando sin fin.

No escribo o hablo por mí mismo ni para mí mismo, de igual manera en que yo mismo no soy hablado ni escrito. Tan solo puedo permanecer radicalmente abierto a la inesperada erupción de las palabras. Soy una casa, lista para que los niños que me denominan «su hogar» acudan a ella corriendo al salir de la escuela, con sus mejillas rosadas y llenas de expectación, manchadas de chocolate. También, como casa, estoy «lista» para que se vayan, cuando finalmente decidan partir hacia destinos y aventuras desconocidos.

Preguntarme por qué escribo es como preguntar a los mirlos por qué cantan en verano.

Amigo, si en estos momentos estás experimentando estrés, pena o un dolor físico o emocional, esto no significa que tu vida esté yendo en la dirección equivocada, que estés acabado ni que seas un pecador. No significa que has fallado como ser humano o espiritual, o que te hallas lejos del despertar. *Puede ser que, sencillamente, te estés curando, a tu propia manera, original e inesperada.* A veces necesitamos sentirnos peor por un tiempo. A veces las viejas estructuras, aquellas cosas que una vez definimos e identificamos como «yo» o como «mías», tienen que derrumbarse. A veces tenemos que caer de rodillas antes de poder levantarnos de nuevo. A veces las ilusiones tienen que morir. A veces nuestros planes y esperanzas sagrados, nuestros esquemas y sueños sobre «cómo tienen que ir las cosas» han de verse reducidos a cenizas en la hoguera despiadada, pero en última instancia compasiva, del momento presente.

A medida que nos abrimos a la vida, al amor y a sanarnos, a medida que nos despertamos de nuestro sueño de la separación, nos encontramos no solo con la dicha de la existencia, sino también con su dolor; no solo con el éxtasis de la vida, sino también con su agonía. Despertar no siempre implica sentirse bien, cómodo, feliz o «espiritual», puesto que nos vemos inevitablemente abocados a tener que confrontar nuestros miedos más profundos y nuestras sombras más oscuras —esas partes de nosotros mismos que hemos cortado, negado, reprimido o sedado durante todos estos años—. El encuentro con estas contrapartes puede generarnos una cierta confusión, por decirlo suavemente.

Pero con el tiempo aprendemos a confiar en el proceso consistente en la ausencia de cualquier proceso. Aprendemos a ver incluso nuestro dolor más profundo como un movimiento inteligente *de* la vida, no como una amenaza *a* la vida. Recordamos que somos lo suficientemente inmensos para contener todo ello: lo bueno y lo malo, el dolor y el placer, la luz y la oscuridad, la agonía y el éxtasis. No estamos, ni de lejos, tan limitados como antes creíamos. Somos la vida misma.

Enamórate del lugar en que estás te ofrece una invitación sencilla y a la vez radical: deja de esperar que el mundo te haga feliz. Deja de permitir que tu alegría interna dependa de lo externo —objetos, personas, circunstancias, experiencias, situaciones— que está más allá de lo que puedes controlar directamente. Deja de jugar a la lotería de la felicidad. Tómate un descanso en tu tarea de buscar y descubre la felicidad natural que eres y que siempre has sido, la alegría innata que no depende del contenido siempre cambiante de la vida.

La prosa y la poesía de este libro, cosechadas a lo largo de dos años escribiendo en un diario y colgando *posts* en Facebook, están concebidas para guiarte, desafiarte, animarte y quizá inspirarte en tu solitario, doloroso, extático, loco, agotador, alegre y confuso camino sin sendero hacia el Hogar que nunca jamás has abandonado: el momento presente.

Lee las páginas que siguen lenta y atentamente. Dedica doce meses a sumergirte en ellas, a meditar en las palabras a medida que se produce el cambio de las estaciones en ti y alrededor de ti. O, siempre que sientas el deseo de hacerlo, permite que el libro se abra por una página al azar. Admite que sus palabras vivan contigo, mes tras mes, año tras año. Siente el silencio, la presencia, el calor que se halla bajo la superficie de las palabras, entre las palabras, alrededor de las palabras y sosteniendo las palabras.

Así pues, emprende el viaje hacia tu destino. Saborea las estaciones siempre cambiantes de tu viaje. Permanece presente a cada paso. Acuérdate de respirar.

Sé consciente de que no caminas solo.

Con amor,
JEFF FOSTER,
Brighton, Inglaterra,
septiembre de 2013

¡...es tan maravilloso poder sentarnos en este espacio abierto juntos! En este lugar donde nada requiere ser resuelto o solucionado, donde no necesitamos «arreglarnos» ni que otros «nos arreglen», donde nuestras cuestiones candentes no precisan ser respondidas, donde por fin nuestras preguntas pueden no ser otra cosa que preguntas, donde nuestras incertidumbres no han de transformarse en certezas, donde nuestras dudas tienen permiso para ser solamente dudas. Aquí, en este cálido abrazo en el que nos encontramos, en este lugar de auténtica meditación sin un meditador, sin un destino, sin nadie que nos controle, no necesitamos hallar las respuestas, no tenemos por qué llegar a ninguna conclusión mental acerca de la vida, ni por qué averiguarlo todo, ni por qué «saber», porque, por fin, todos nuestros cuestionamientos y toda nuestra deambulación, todos nuestros intentos de resolverlo todo y de hacer que todo funcione, nuestra agotadora búsqueda y nuestra desesperación por hallar respuestas, a todo esto le permitimos que esté aquí, exactamente tal como es...

JEFF FOSTER,
de un retiro en Glastonbury, Inglaterra, 2012

ENERO

Desde que oyó tu nombre,
la felicidad ha estado corriendo por las calles
intentando encontrarte...

HAFIZ

NO HAY NADA QUE ESTÉ MAL EN TI

Amigo, desde el mismísimo comienzo, no has estado nunca fragmentado. No naciste en el pecado. Nunca estuviste destinado a ser un desperdicio. Jamás faltó nada fundamental en tu vida. Tan solo *pensaste* que faltaba algo. Otros intentaron convencerte de que no eras lo suficientemente bueno, porque ellos mismos no se sentían lo suficientemente buenos. En tu inocencia, y ante la falta de pruebas de lo contrario, los creíste. Así que te has pasado todos estos años intentando corregirte, purificarte y perfeccionarte. Has buscado el poder, la salud, la fama e incluso la iluminación espiritual para demostrar tu valía como «yo». Has jugado al juego de construir un mejor «yo»; te has comparado con otras versiones del «yo» y te has sentido siempre superior o inferior. Ha sido tan agotador intentar alcanzar estas metas inalcanzables, intentar vivir según una imagen en la que ni tan siquiera creías totalmente, que anhelabas ya descansar de ti mismo.

Pero has sido perfecto desde el mismísimo comienzo. Perfecto en tu absoluta imperfección.

Tus fallos, tus manías, tus aparentes defectos, tus rarezas, tus olores únicos e irreemplazables han sido lo que te ha hecho tan adorable, tan humano, tan real, tan fácil de identificar. Incluso en tu gloriosa imperfección has sido siempre una expresión perfecta de la vida, un hijo amado del universo, una obra de arte acabada; un ser único en todo el mundo y merecedor de todas las riquezas de la vida.

El tema no ha sido nunca ser un «yo» perfecto. Siempre se ha tratado de estar perfectamente Aquí, de ser perfectamente tú mismo, con todas tus divinas rarezas.

«Olvídate de hacer la ofrenda perfecta». «En todo hay una grieta. Es gracias a ella por lo que la luz puede entrar», canta Leonard Cohen.

UNA PROMESA DE AMOR

Siempre te escucharé profundamente, pero nunca intentaré corregirte, mejorarte, hacer que dejes de sentir lo que sientes o darte respuestas de segunda mano, memorizadas. No pretenderé ser «el que sabe», «el iluminado» o el misionero que te habla en nombre de alguna verdad conceptual separada de la experiencia inmediata, de primera mano y en tiempo real. No entraré en tus dramas y tampoco disculparé ni alimentaré tus historias ni tus conclusiones y miedos mentales. Y no confundiré quién eres con mi historia acerca de ti, con mi sueño de quién eres.

Pero, amigo, me encontraré contigo en las llamas del infierno y allí agarraré tu mano. Caminaré contigo tan lejos como necesites caminar y no te abandonaré, puesto que tú eres yo mismo; y en los más profundos recovecos de nuestra experiencia somos íntimamente el mismo ser, y no podemos pretender que esto sea de otra manera.

Así pues, si te sientes confuso, siéntete confuso ahora. Si te sientes temeroso, siéntete temeroso ahora. Si estás aburrido, aburrámonos profundamente juntos. Si la rabia te está quemando, vamos a quemarnos juntos un rato y ver qué sucede.

Cuando rompemos el molde, interrumpimos el patrón caduco y establecemos el inesperado compromiso de dignificar nuestra experiencia presente por medio de conectar de forma radical con lo que está realmente aquí, sin juzgarlo o apartarlo, tal vez una gran sanación es posible.

EL LIBRO DE TU VIDA

En cada página de un libro, detrás de las palabras —no importa lo que estas describan ni lo que ocurra en la historia—, está la blancura del papel. Raramente es advertida, más raramente aún es valorada, pero es absolutamente esencial para que las palabras puedan ser vistas.

El papel no se ve afectado por la historia que se cuenta; está ahí solamente para sostener las palabras, sin condiciones. Puede narrarse una historia de amor o de guerra, o una comedia apacible; al papel no le importa. El papel no teme el final de la historia ni anhela regresar a un punto anterior de ella. Las páginas centrales no necesitan saber cómo acaba la historia ni la última página llora cuando muere el protagonista. El papel ni tan siquiera sabe que la historia «se ha acabado». El papel sostiene el tiempo, pero no está limitado por este.

No sabes cuántas páginas le quedan al libro de tu vida. No sabes cómo acabará esta autobiografía. Desde la perspectiva de la mente, «tu vida» aún no está completa, y el pensamiento está intentando constantemente averiguar cómo finalizar tu historia de la mejor manera posible. ¿Cómo resolver las cosas por completo? ¿Cómo solucionar los problemas que están sin resolver? ¿Cómo atar los cabos sueltos? ¿Cómo arreglarlo todo?

Pero desde la perspectiva del papel —es decir, desde la perspectiva de tu verdadera identidad como la consciencia misma— la vida está completa para siempre tal como es. No hay nada por resolver, y la incognoscibilidad de las cosas es su resolución. La historia no necesita ser «completada» en el futuro para que la consciencia esté plenamente presente ahora.

El papel tan solo se encuentra con las palabras exactamente tal como son.

Desde la perspectiva del papel, incluso si la historia es épica desde la primera hasta la última página, en realidad no ha ocurrido nada en absoluto. Toda la historia se ha desarrollado en una quietud perfecta, inmutable. La historia más increíble jamás contada.

PERDER TU RELIGIÓN

De acuerdo. Te sientes feliz y en paz, fluyendo. Estás manifestando perfectamente y la vida está yendo según lo planeado. Te sientes bien con todo lo que sucede a tu alrededor. No puedes imaginarte volver a sufrir.

Ataja hasta la siguiente escena de la película de tu vida. Ha habido algún tipo de pérdida o impacto; un rayo ha caído del cielo. Estás tendido en la cama enfermo y con dolor, o lleno de pena o desesperación. Ha ocurrido algo inesperado, que no estaba previsto en el plan. Lo has intentado todo y nada está funcionando.

¿Adónde fue tu despertar? ¿No se suponía que te sentías bien con todo, que afrontabas cualquier experiencia con ecuanimidad y con un «sí sin esfuerzo»? ¿Dónde está ahora todo tu progreso espiritual?

El «yo» espiritual se siente humillado y apaleado. ¿Eras una farsa, un fraude, un embustero? ¿Te estuviste engañando todo el tiempo? ¿Cómo puedes regresar adonde te encontrabas?

No regreses. Permanece con ello. Te estás despertando de otro sueño: el sueño de que la experiencia presente podría o debería adecuarse a *cualquier* imagen o expectativa. Estás descubriendo tu propia autoridad interior.

Esta escena no es un error. La película de tu vida no se ha roto. Estás redescubriendo lo vasto que eres, cuánto puedes contener.

No tienes que sentirte «bien» todo el tiempo. No tienes que estar libre de resistencias constantemente. Eres más grande que eso; de hecho, eres ilimitado. No hay ningún «todo el tiempo» para ti. Tú eres el espacio para lo agradable y lo no agradable, para la aceptación y la resistencia. No necesitas tener una imagen fija e invariable de ti mismo. No necesitas ser el *gurú iluminado* o el *guerrero espiritual*. No necesitas ser la *persona pacífica*, el *despierto*, el *fuerte*, el *muy evolucionado*, el que es *inmune al sufrimiento*. Todo esto son limitaciones falsas de tu naturaleza ilimitada. Tan solo sé lo que eres; no el que es eso o aquello, sino tan solo El Que Es, el espacio que lo contiene todo.

Permite que la vida te tire del pedestal una y otra vez, hasta que pierdas todo interés en quedarte en lo alto.

PERMANECE GLORIOSAMENTE IRRESOLUTO

Jamás alcanzarás un punto en la vida en que esté todo resuelto, en que todo esté perfectamente atado con un lazo. Esta es la realidad. No hay ninguna «escena final»; tan solo una continua película de aventuras, que nunca se acaba. Aprendes a amar el caos de tu vida, su naturaleza constantemente cambiante, su impredictibilidad. Y tú permaneces como el silencio inmutable en medio de la tormenta, como el espacio abierto en que la alegría y el dolor, la agonía y el éxtasis, el aburrimiento y la dicha pueden levantarse y hundirse, como las olas del océano. No hay problemas cuando te conoces a ti mismo como el espacio que lo contiene todo ello.

LA VERDADERA ACEPTACIÓN

Decir «sí» a este momento tal como es, decirte «sí» a ti mismo, exactamente tal como eres, no significa que abandones la posibilidad del cambio. No significa que las respuestas no van a llegar, que la tristeza no va a desaparecer, que el dolor no va a menguar, que no habrá una acción inteligente en la siguiente escena. Significa una alineación total con la escena actual, la cual contiene la inteligencia de todo el universo. Significa una profunda confianza en este instante de la vida —el único instante que existe— y soltar las promesas y las ideas acerca de cómo «debería ser» la vida.

En vez de intentar llegar de un salto a la seguridad de un mañana, cree en la incertidumbre de hoy. En vez de correr hacia una respuesta en la siguiente escena, cree en esta escena creativa en la que «aún no hay respuestas». En vez de tratar de abalanzarte hacia la alegría o la dicha en el futuro, cree en el actual momento de dolor o duda, o en cualquier forma que la inteligencia cósmica esté adoptando. La certidumbre puede llegar o no con el tiempo, las respuestas pueden relevarse o no, la alegría puede irrumpir o no, los momentos emocionantes pueden presentarse antes o después, pero no pases por alto los tesoros de este momento.

Si las respuestas acuden, surgirán del abono del no saber, de la tierra fértil de la duda. Si la alegría muestra su cara, surgirá del dolor que ha sido profundamente tocado. Si una nueva vida crece, lo hará en la única cuna que existe: el Ahora.

Este momento es el punto de acceso, el portal, el pórtico de gracia hacia aquello que siempre has anhelado. No te lo saltes persiguiendo las glorias imaginarias del mañana.

YO SOY...

Estate atento a lo que dices tras haber anunciado «yo soy...». Estas dos simples palabras contienen una magia poderosa.

El lenguaje trata de fijarte en el tiempo y el espacio. Constituye un intento de apretar el botón de pausa en el baile siempre cambiante que naturalmente eres. En realidad, aquello que verdaderamente eres no puede ser fijado, capturado ni puesto en palabras, puesto que eres vivo y dinámico, naturalmente inmune a todas las definiciones fijas.

Por ejemplo: ¿«Estoy triste»?, ¿«Soy una persona triste»?, ¿«La tristeza me define»?, ¿«Soy víctima de la tristeza»? No. Una ola de tristeza está surgiendo en el vasto océano que eres, un océano que no puede definirse como «feliz», como «triste» o como nada que esté entre ambos, sino que permite que todos estos sentimientos vayan y vengan.

Tú no eres la tristeza: la tristeza va y viene en ti. No encontrarás ninguna persona triste, ninguna entidad triste, ninguna «cosa» triste, ningún «yo» triste; tan solo la energía de la tristeza surgiendo en el presente, la cual se disipará cuando se le permita desplazarse. Tú no estás triste; tan solo eres un hogar para la tristeza en este momento. Tampoco estás enfadado; eres la capacidad de enfadarte justo ahora. No eres un iluminado, un ignorante, un triunfador, un fracasado o un desecho del cosmos; eres todo esto y nada de esto. Eres potencial infinito; una frase que nunca necesita ser completada. Usa tu magia sabiamente. Enamórate de ser un misterio cada vez más profundo para ti mismo. No intentes convertirte en piedra.

NO HAY NADA ESPERANDO

El día de hoy no es un peldaño insignificante en el que apoyar el pie hacia una gloriosa representación futura en el escenario. Este momento no consiste en la vida esperando por acontecer, en metas que esperan ser logradas, en palabras que esperan ser dichas, en conexiones que esperan ser hechas, en lamentos que esperan evaporarse, en la vitalidad esperando ser sentida, en la iluminación esperando ser lograda.

No. No hay nada esperando. Esto es todo. Este momento es la vida. No es «cercano a la vida» o «casi la vida». No es una vida conceptual aprendida por medio de la repetición, sino pura vida viviéndose a sí misma, estallando en plenitud, radicalmente presente, saliendo a chorros de cada grieta y rincón, irrumpiendo tanto en el movimiento como en el reposo. ¡Se trata de LA VIDA, y es tuya para que la saborees AHORA!

La vida no es el tráiler de una película, ni una previsualización de la misma, ni una atracción que está por llegar. Aquello que anhelas ya ha llegado, y se anuncia a sí mismo en cada sensación y como cada sensación, cada pensamiento, cada imagen, cada momento de dolor, aburrimiento o dicha. Está ahí incluso en el anhelo de ello mismo; es así de íntimo.

En este mismo momento pisas tierra sagrada. Estás en tu cuna, tu lugar de descanso, tu útero, tu tumba. El espectáculo ya ha empezado y el foco lo ilumina todo. No existe «un día» en el que *estarás* realmente vivo. El día de hoy es el único que realmente vivirás, si es que vas a vivir un día más.

UNA INVITACIÓN
No quiero escuchar aquello en lo que crees.
No estoy en absoluto interesado en tus certezas.
Y no podría estar menos interesado
en tu perfección insuperable.

Comparte conmigo tus dudas,
abre tu corazón tierno,
déjame entrar en tus luchas.

Me encontraré contigo en ese lugar
donde tus conclusiones espirituales
empiecen a agrietarse.
Es ahí donde la creatividad reside.
Es ahí donde brilla lo nuevo.
Es ahí donde nos podemos ciertamente encontrar:
más allá de la imagen.

¡Son tan perfectas tus imperfecciones
dentro de una luz como esta!
No quiero que seas perfecto.
Real quiero que seas.

EL CAMINO

No hay ningún camino-receta para la iluminación. La iluminación no es un destino, una meta, el lugar de descanso final después de un largo viaje; esta es la versión mental de la iluminación. La iluminación está infinitamente más cerca que cualquier cosa que puedas imaginar.

Esta es una muy buena noticia. Significa que nadie tiene autoridad sobre tu camino; ningún maestro, gurú o líder espiritual. Significa que nadie puede decirte cuál es la «manera» correcta para ti. Significa que no puedes extraviarte, incluso si piensas que te has extraviado. Significa que nada de lo que ocurra puede sacarte del camino, puesto que el camino *es* todo lo que ocurre.

Nada puede apartarte del milagro de la vida ni acercarte más a ella, puesto que el milagro está en todas partes, brillando ya intensamente como cada pensamiento, sensación, imagen, sentimiento, olor o sonido, y como el profundo milagro de aquel que es consciente de todo ello, que está en relación íntima con todo ello, presente en todo ello.

Sé la luz de la conciencia que naturalmente eres, que está iluminando el momento, sea lo que sea lo que este contenga. La duda, el miedo, la tristeza, la ira, la confusión intensa... Tal vez, solo tal vez, todo esto no son enemigos ni obstáculos para la iluminación, sino tan solo expresiones de una inteligencia más profunda, la misma inteligencia incomprensiblemente vasta y despierta que crea las estrellas, que mueve las mareas de los océanos y que envía a cada cosa viviente a llevar a cabo un viaje paradójico hacia su propio ser.

Haz brillar tu luz sobre todo lo que surge. Sal de la historia del espacio, del tiempo y del progreso hacia un objetivo futuro y confía en el momento sagrado. Vive todos los momentos. Absolutamente todos los momentos, puesto que cada momento es el punto de acceso. Nunca hay obstáculos; tan solo hay portales. No eres ningún ente separado embarcado en un largo viaje para llegar a estar completo. Eres pura poesía.

EN BUENAS MANOS

Te cansas de las medias verdades, ¿a que sí?
Te cansas de aparentar.
Te cansas de las promesas del mundo.
Te cansas de... esperar.
Incluso te cansas de cansarte.
Te cansas de «ti», del que se cansa.

Una decepción divina
y una gran paradoja, puesto que
¿quién se cansa de quién?
Y en medio de la desesperación
te encuentras mirando la vida a la cara,
desnudo y sin protección frente a su carácter sagrado.

Y por primera vez,
no importa el motivo,
no giras la cara.

Y la vida te rompe, la vida te abre.
Hace tus sueños añicos.
Quema tus certezas.
Incluso tus sueños de iluminación
no pueden ya sostenerse.

Tiemblas de miedo.
Reclamas ayuda.
(¿Por qué has sido abandonado?)

Y entonces,
por vez primera,
te sientes muy vivo,
uno con lo sagrado,
descansando en los brazos
de Aquel que siempre buscaste.
Estás sin protección,
pero más seguro no podrías hallarte.
¡Por fin libre!
Por fin libre.

La vida destruye quien creías que eras
pero nunca se mete con quien eres.

Este es el camino menos transitado.
No es un camino que lleve al futuro,
ni a la Tierra Prometida,
sino a aquel que está leyendo estas palabras;

lleva a aquel que sabía desde el principio
que a lo largo de los lados del camino
se encuentran las pieles de las identidades perdidas
y de las promesas incumplidas.
Componte, amigo mío.
Siempre estuviste en buenas manos.

EL MOMENTO PRESENTE

Me encanta estar en el momento presente. Es mi verdadero Hogar. El ahora es el único lugar donde estoy siempre. Siempre me encuentro Aquí; nunca vengo, nunca me voy. Sí, he visto pasar los pensamientos y las emociones, el surgimiento y la disolución de estados y experiencias tanto extáticos como mundanos, pero nunca me he visto pasar a mí mismo; nunca he visto pasar a Eso que nunca pasa mientras todo pasa. Así pues, un lugar distinto del Ahora siente la desconexión y la nostalgia, el deterioro y la muerte. Pero «un lugar distinto» no es más que una fantasía, puesto que no puedo separarme de mí mismo, verme desde la distancia y decir: «¡Ahí estoy!».

Todo pensamiento, sensación, sentimiento, imagen, recuerdo, sueño y visión ha aparecido siempre justo ahí, donde yo estoy, donde tú estás, en el único lugar donde realmente es posible que «nos encontremos» el uno con el otro. Pero no somos dos, de modo que no podemos «encontrarnos». Tan solo podemos reconocer nuestra intimidad original, previa al tiempo y a todas las ideas acerca de lo que es «encontrarse».

Más allá de nuestras historias, de nuestra historia y de nuestros planes para el futuro, hay un solo lugar en el que no podemos estar separados. Este lugar es el Aquí y Ahora.

LA DESILUSIÓN SAGRADA

Existen dos miedos principales: el miedo a perder lo que tienes y el miedo a no conseguir lo que quieres.

Hay una solución: *enamorarte del lugar en que estás.*

Con el tiempo nos damos cuenta de que nuestros compañeros, empleos, religiones, posesiones, trofeos, saldos bancarios, los certificados lustrosos que cuelgan en nuestras paredes e incluso nuestros cuerpos perfectos no nos harán felices. No permanente o completamente felices de cualquier modo, o imbuidos de la clase de felicidad continua que realmente buscamos y sabemos que es posible.

Esta comprensión es una des*ilusión*; es el quebranto de las ilusiones, el desmoronamiento de los sueños de la infancia, y a menudo se manifiesta como depresión, ansiedad, sinsentido existencial, desesperación, crisis de la mediana edad y adicciones. Pero la desilusión puede ser maravillosa, puesto que en su seno sagrado se halla la invitación a ir más allá de todas las comodidades y placeres mundanos, que nunca nos proporcionaron, en realidad, lo que nos prometieron. Es la invitación a redescubrir Eso que nunca cambia: nuestra verdadera naturaleza, nuestra verdadera satisfacción, que es previa a los contenidos externos, siempre cambiantes, de nuestras vidas; es previa a la aparición del cuerpo y la mente. Cuando te das cuenta de que nada externo —ninguna persona, objeto, sustancia, circunstancia, revelación ni experiencia— tiene nunca el poder de hacerte permanentemente feliz, descubres una invitación más profunda: la de que te des cuenta de que la nada, la nada que tú eres, es la fuente de la verdadera felicidad y de que *cada* experiencia contiene la clave. Nada puede hacerte feliz, sino que la felicidad reside dentro. Esto es motivo de una gran alegría.

LA VIDA ES UN ALTAR

Lo perderás todo. Tu dinero, tu poder, tu fama, tu éxito; tal vez incluso tus recuerdos. Tu aspecto empeorará. Tus seres queridos morirán. Tu cuerpo se deshará. Todo lo que parece permanente es en realidad impermanente y será destruido. La experiencia acabará con todo aquello con lo que pueda acabar, de un modo gradual o no tan progresivo. Despertar significa afrontar esta realidad con los ojos abiertos.

Pero ahora, en este preciso momento, estás en tierra sagrada, puesto que aquello que se perderá aún no se ha perdido. Darse cuenta de esta verdad tan simple es la clave para sentir un gozo inefable. Quien sea o lo que sea que forme parte de tu vida en este momento aún no se te ha arrebatado. Todo ello está presente. La ley universal de la impermanencia te ha entregado todo aquello y a todos aquellos que te rodean. Esto es profundamente sagrado y significativo, y digno de toda la gratitud del corazón. La pérdida ha transfigurado tu vida en un altar.

EL BAILE

Nunca lo ensayamos.
Este baile es un caos.

Temblamos y sudamos.
Nos pisamos los pies el uno al otro.

A veces estamos fuera de ritmo
y olvidamos el paso.

Pero al menos esto es real.
Al menos no estamos tan solo medio vivos,

enterrados bajo el peso de alguna imagen
en la que en realidad nunca creímos.

Siempre elegiré este baile imperfecto
por encima de todos los bailes.

FEBRERO

El milagro no es caminar sobre el agua.
El milagro es caminar por este mundo.

THICH NHAT HANH

LA BUENA NOTICIA

Justo aquí, justo ahora, en este momento, no tienes que saber cómo será el resto de tu vida; no importa lo que digan los demás.

En este momento no necesitas tener todas las respuestas. Estas vendrán, a tiempo o no, o tal vez las preguntas innecesarias se esfumarán.

No hay prisa. La vida no tiene prisa.

Sé como las estaciones. El invierno no intenta ser el verano. La primavera no corre hacia el otoño. La hierba crece a su ritmo. La lluvia tampoco se apresura para llegar antes al suelo.

Las elecciones que se llevarán a cabo serán llevadas a cabo, y no tienes elección al respecto en este momento. Las decisiones que se tomen se tomarán, los acontecimientos se desplegarán en el tiempo, pero justo ahora tal vez no necesitas saber las soluciones o los resultados, o cómo es mejor proceder. Tal vez el *no saber* es un invitado bienvenido al banquete de la vida. Tal vez la apertura a la posibilidad es una querida amiga. Acaso incluso la confusión puede venir a descansar aquí, donde tú estás.

Así pues, en vez de intentar «arreglar» nuestras vidas, en vez de intentar resolver totalmente lo que no puede ser resuelto y completar con rapidez la historia épica de un «yo» ficticio, sencillamente relajémonos en un profundo no saber y permitamos que todo esté «fuera de control», confiando en el orden que hay dentro del caos salvaje, desempeñándonos dentro del cálido abrazo del misterio, sumergiéndonos profundamente en el momento, saboreándolo plenamente, en toda su singularidad y maravilla.

Cuando eso suceda, tal vez sin necesidad de que lleves a cabo ningún esfuerzo, sin ningún estrés o lucha, sin que «tú» te impliques en absoluto, las verdaderas respuestas surgirán, a su debido tiempo. Y será dulce el momento.

¿Por qué correr hacia las respuestas, cuando las preguntas son milagros?

NO TE ENTROMETAS

Hay algo que todos aprendemos con el tiempo, por la vía dura:

Nunca intentes ayudar a nadie hasta que esté listo para recibir ayuda.

Mientras no te pidan ayuda, mientras el otro no esté dispuesto a escuchar y soltar viejos patrones, tu intento de ayudar se sentirá como manipulación y control; se verá como un asunto tuyo, como tu necesidad, y no la de esa persona. Aparecerán las defensas, las posiciones se radicalizarán y tú acabarás sintiéndote frustrado, superior o impotente; y los roles que se reflejarán, el de la «víctima» y el del «salvador», harán que os sintáis más desconectados que nunca el uno del otro.

¿Cómo podemos ayudar de verdad? Encuéntrate con la persona allí donde se encuentre. Abandona tu sueño de que se va a poner bien enseguida. Cálmate. Confirma cuál es su experiencia del momento. No intentes imponerle tus propios planes y no des por supuesto lo que es «mejor» para ella. Tal vez no sabes qué es lo «mejor». Tal vez esa persona es más resistente e inteligente, y tiene más recursos y potenciales de los que nunca creíste posibles.

¡Acaso lo que es «mejor» para esa persona justo ahora es no querer —o necesitar— tu ayuda! Tal vez lo que necesita ahora es sufrir o luchar más. Quizá se está alineando y sanando a su manera, que es única. Acaso lo que este momento requiere de ti es tu confianza, tu escucha profunda y tu profundo respeto por el lugar donde se encuentra esa persona en su viaje. Puede que no estés más que intentando ayudarte a ti mismo.

Tal vez el cambio real no viene de tratar de imponer el cambio a los demás, sino de alinearnos con dónde están justo ahora y desbloquear toda la inteligencia creativa del momento, respetando su camino único y su misterioso proceso de sanación.

Cuando intentas cambiar a alguien, le estás transmitiendo que no está bien tal como es, que rechazas y desapruebas su experiencia y quieres que sea otra. Incluso puede ser que le estés transmitiendo que no lo amas. En cambio, cuando dejas de intentar cambiar a la persona y te encuentras con ella tal como es, y te alineas con la vida tal como se presenta, un cambio grande e inesperado es posible, puesto que en este caso eres un verdadero amigo y aliado del universo.

Deja de intentar cambiar a los demás. Permite que cambien, o no, a su propia manera, cuando sea su momento.

Tal vez cuando más ayudas es cuando dejas de intentar ayudar.

CUANDO EL SUELO CEDE BAJO TUS PIES

¿Qué ocurre cuando cede el suelo que se halla bajo tus pies?

Una relación se termina de forma abrupta, el éxito se convierte en fracaso de la noche a la mañana, una persona amada muere, recibes un diagnóstico inesperado... y de pronto sientes que te han quitado el suelo que pisas; experimentas una gran incertidumbre, la sensación de que tu mundo está girando fuera de control. Ya nada parece real. Es como si tu vida ya no fuese «tu» vida, como si estuvieras en algún extraño tipo de película impersonal, como si no supieras adónde dirigirte o incluso dónde permanecer. El futuro, que una vez pareció tan sólido y «real», se ve ahora expuesto como el engaño y el cuento de hadas que en realidad era, y tus sueños del «mañana» se ven reducidos a polvo. El «mañana» que inconscientemente habías planeado nunca tendrá lugar. Ahora no hay respuestas que te puedan satisfacer, ni autoridades que te puedan guiar, desde el momento en que nadie puede tener tu experiencia por ti ni nadie tiene las respuestas que necesitas. De modo que te sientes profundamente solo en un diminuto planeta que gira en un espacio inmenso e insondable. Te sientes como arrastrado de nuevo dentro del útero... pero el útero ha desaparecido.

¡Maravilloso! ¡Fantástico! ¡Menuda invitación es esta! La vida no se ha equivocado, porque la vida no puede equivocarse, puesto que todo es vida y la vida es todo. Tan solo nuestros sueños y planes en relación con la vida pueden sucumbir, pero la vida misma no puede hacerlo. Esta experiencia actual, esta confusión y duda cósmica, este rompimiento del corazón, no tiene lugar contra la vida, sino que *es* la vida. Una vida embravecida, vibrante; la sagrada vida del momento. No se trata de una escena «equivocada» de la película sino que *forma parte* de la película, por más difícil que sea verlo ahora.

Hay una gran inteligencia operando en estos casos; la misma inteligencia que nos mantiene respirando por la noche, que hace que nuestro corazón lata y bombee la sangre por todo el cuerpo y que cura nuestras heridas mientras «nosotros» ni siquiera lo advertimos ni nos ocupamos de ello.

¿Qué ocurre cuando, tan solo por un momento, dejamos de intentar resolverlo todo, dejamos de aferrarnos a los viejos sueños y dejamos de llorar su pérdida, y afrontamos la cruda realidad de las cosas tal como son? ¿Qué ocurre cuando, tan solo por un momento, damos el paso radical e inesperado de decir «sí» a la incertidumbre, a la duda, a la confusión, al dolor y a la congoja? ¿Qué ocurre cuando afirmamos el misterio irresoluto en vez de intentar escapar de él? ¿Qué ocurre cuando nos giramos hacia la desolación en vez de huir de ella? ¿Qué ocurre cuando realmente confiamos en la apertura de las cosas rotas y permitimos que la inteligencia profunda de la vida opere su magia a través del disfraz de la devastación?

¿Puede estar bien, tan solo por un momento, no tener respuestas ni puntos de referencia, no saber nada más? ¿Puede estar bien, solo por un momento, sentir *esto*, sea cual sea la forma que *esto* esté adoptando ahora? Y, en medio de los escombros, ¿podemos respirar de nuevo y contactar con ese espacio que tenemos dentro, ese espacio extraordinariamente familiar e íntimo de silencio y profunda presencia? ¿Ese espacio que no necesita saber el resultado de los sueños, al que no le importa dicho resultado, y que no quiere ninguna respuesta? ¿Podemos recordar esta quietud que ha sido siempre, secretamente, nuestra mejor amiga? ¿Podemos relajarnos en esta claridad que jamás nos ha abandonado? ¿Podemos posicionarnos como esa conciencia que no puede ser destruida?

Tal vez la inteligencia cósmica que somos no nos ha abandonado en realidad, y justo en el centro del aparente caos de este momento hay algo que no se implica en absoluto con el caos. Podemos llamarlo amor, o Dios, o consciencia, o sencillamente Aquello que Realmente Somos antes de nuestros sueños relativos a cómo debería ser la vida, relativos al aspecto que debería presentar este momento, a cómo debería sonar, saber y oler. Acaso nuestros sueños están ahí para romperse y nuestros planes para desmoronarse, y nuestros mañanas están ahí para disolverse en el día de hoy. Y tal vez todo esto es una gigantesca invitación a despertar de la ilusión del control y a abrazar de todo corazón lo que está presente.

Tal vez todo esto es una llamada a la compasión, a que abracemos profundamente este universo en toda su alegría, dolor y gloria agridulce. Acaso no hemos tenido nunca el control de nuestras vidas y tal vez se nos invita constantemente a recordarlo, desde el momento en que continuamente lo olvidamos. Tal vez el sufrimiento no es el enemigo en absoluto, y en su centro hay una lección de primera mano, en tiempo real, que todos debemos aprender si es que tenemos que ser auténticamente humanos y verdaderamente divinos. Quizá la descomposición contiene siempre las semillas del avance.

Acaso el sufrimiento no sea más que un rito de pasaje; no una prueba o un castigo, no una señal que apunte a algo del futuro o del pasado, sino que apunte directamente al misterio de la existencia misma, aquí y ahora.

Tal vez nuestras vidas no pueden «ir mal» en modo alguno.

REBOBINAR, REPRODUCIR, AVANZAR RÁPIDO

Lamentarse es un intento inútil por parte del pensamiento de modificar el pasado. Pero tratar de manipular el pasado es como intentar rebobinar, y cambiar, la escena previa de una película que llevas ya un rato viendo. El pensamiento dice que esa escena tendría que haber sido distinta, o incluso que no tendría que haber ocurrido en absoluto. Pero, por supuesto, la película es perfecta tal como es; y su imperfección incluye las escenas aparentemente «imperfectas». La aparente imperfección del pasado forma parte de la perfección cósmica de este momento.

El reconocimiento de que las cosas son exactamente tal como son ahora no es una llamada al desapego ni a la negación de la vida, una excusa para rechazar las manifestaciones del mundo como «ilusorias» con una actitud de despreocupación. En realidad se trata de lo contrario. No consiste en sentarse de espaldas a la vida y decir: «Todo es perfecto, de modo que no volveré a hacer nada para ayudar o cambiar las cosas». Esto es otro bloqueo, otra postura conceptual, otra huida de la realidad. Esta perfección está radicalmente abierta al mundo, abierta al resto de la película, abierta a lo que acontece. Aún podemos aprender las lecciones del pasado y llevarlas al futuro, pero nuestro sentimiento de pesar ha desaparecido. Ya no rebobinamos. Podríamos llamarlo «confianza», pero no hay necesidad de darle ningún nombre.

No podemos cambiar el pasado («rebobinar») y no podemos saber el futuro («avanzar rápido»), pero sí podemos encarar la vida tal como es («reproducir») y seguir viviéndola.

¿SOIS DOS?

Eres un rey, una reina, observando tu magnífico reino siempre cambiante. Los pensamientos, sensaciones y sentimientos están constantemente desfilando para ti en el momento presente. Sin tu Presencia constante no hay desfile. Sin Ti no hay nada.

La única cosa que anhelas, la única cosa que has estado siempre buscando —TÚ— es la única cosa que nunca aparecerá en el desfile de los pensamientos y emociones, puesto que para ti no puede ser una «cosa». Los pensamientos bailarán, las sensaciones se estremecerán y los sentimientos arderán, pero Tú nunca aparecerás en tu propia presencia, puesto que NO PUEDE HABER DOS «TÚS». Puedes esperar tu aparición para siempre, pero ¿quién habría esperando?

Desde cierto punto de vista, esto es una tragedia: nunca encontrarás lo que buscas buscándolo. Así pues, la búsqueda espiritual puede acabar en agotamiento y desencanto, frustración e incluso desesperación.

Desde otro punto de vista, la comprensión de que NUNCA PUEDES APARECERTE A TI MISMO es una inmensa invitación a que recuerdes quién eres realmente antes del desfile: Eso que nunca aparece o desaparece, Eso sin lo cual ningún desfile es posible, Eso que está más allá del ciclo interminable de nacimiento, muerte y renacimiento. Eres un rey, una reina, y no hay ningún linaje, ninguna línea de sucesión. Tan solo estás Tú. Esto no es narcisismo o solipsismo; es paz profunda y compasión desbordante por todos quienes no comprenden aún su auténtica valía.

LA PROMESA

En esta presencia que está más allá de la presencia,
en este lugar que no es ningún lugar,
en este cálido abrazo que llamo «mí mismo»,
incluso un *no* es un *sí* secreto,
incluso la resistencia está profundamente permitida,
incluso la duda es una celebración de la vida.

Venid, todas las criaturas no amadas,
todas vosotras, olas sin hogar en la vasta vida del océano.
Pena, duda, culpa, vergüenza,
todas vosotras que estáis asustadas, huérfanas de luz,
¡salid de vuestros escondrijos!,
¡dejad la oscuridad!
Estáis invitadas a una gran fiesta.

Ven, incertidumbre; siéntate a mi lado.
Acércate, desesperación; bebe de mi copa.
Acude, desconfianza; no desconfíes de mí.
No me alejaré de vosotras.
¡No os negaré un lugar en esta mesa,
ahora que sé la verdad de mí mismo!

Os invité aquí, hace mucho.
Tengo una vieja promesa por cumplir.

UNA CELEBRACIÓN DE LO RARO

No te conviertas en un zombi espiritual, desprovisto de pasión y de sentimientos profundamente humanos.

Permite que la espiritualidad se transforme en una celebración de tu singularidad, y no en una represión suya. Nunca pierdas tus extravagancias, tus peculiaridades, tus rarezas; tu carácter único e insustituible. No intentes o pretendas ser «nadie» o «nada», o alguna *no entidad* trascendente e impersonal «sin yo» o «sin ego», «más allá de lo humano». Esto no es más que otra fijación conceptual, y ya nadie la compra.

Celebra tu expresión única y deja de disculparte. Enamórate de este caos perfectamente divino y muy humano que eres.

No hay ninguna autoridad aquí, ni la posibilidad de que te extravíes en la vida. Así que equivócate.

Fracasa con gloria.

LA MEDICINA DE LA RESPIRACIÓN

A menudo me emociono cuando alguien me dice que experimenta una tristeza sin causa, aparentemente inexplicable. Veo la tristeza, como todas las otras olas del océano de la vida, como una invitación, una invocación, una llamada a abrirse a las verdades más profundas sobre la existencia, a reconocer nuestra inmensidad inherente.

La vida es agridulce. Por más hermosas que sean las cosas ahora, pasarán. Todo es impermanente y no tiene base. Morirás, al menos en esta encarnación. Todos aquellos que amas también fallecerán. Tu éxito puede convertirse en fracaso. Puedes perder lo que tienes. Tu cuerpo dejará de funcionar tal como lo hace ahora. Nada está garantizado; todo está puesto en duda. El agua de la existencia relativa se escurre entre nuestros dedos muy fácilmente. Nuestra alegría está teñida de tristeza; nuestra felicidad, atravesada por la nostalgia. El *yin* y el *yang* de las cosas no va a dejar que te instales en un solo opuesto. Aquí no hay hogar para los sin techo.

Tomar contacto con esta verdad profunda de la existencia, encontrarse con la cruda evidencia de hallarse desprotegido y desprevenido, puede presentarse al principio como melancolía e incluso desesperación, pero esta perturbación existencial puede contener riquezas ilimitadas.

Llegado el punto de la desesperación, cuando el suelo se hunde bajo nuestros pies y la vida gira descontrolada (¿acaso tuvimos alguna vez el control?), a menudo se nos medica, o nos automedicamos, con píldoras, sexo o alcohol, o incluso con enseñanzas espirituales. A la ciencia le gustaría reducir nuestros apuros existenciales a la disfunción de las sustancias químicas del cerebro, fácilmente resuelta por medio de unas cuantas píldoras de aspecto inocente prescritas por alguien que obtuvo un título tras haber estudiado duro. Y tal vez estas teorías tienen cierta validez, desde algún punto de vista. ¡Pero hay tantos otros puntos de vista!; infinitos. El diamante de la experiencia humana tiene una miríada de facetas, y sería una pena reducir nuestro glorioso ser a las sustancias químicas o las neuronas.

Tal vez nuestra depresión no es una enfermedad (si bien nunca discutiré con alguien que quiera defender este punto de vista), sino una llamada a romper, a soltar, a dejar atrás las viejas estructuras e historias, perspectivas y opiniones que hemos estado sosteniendo sobre nosotros mismos y el mundo; una llamada a descansar profundamente en la verdad de quienes realmente somos.

La sabiduría convencional te invita a alejarte de la melancolía en lugar de afrontarla. Amigos, familiares y gurús de la autoayuda bienintencionados pueden querer «arreglarte», conseguir que «regreses a la normalidad» (¿qué es lo normal, de todos modos?); desean que seas más «positivo», animarte. Pero ¿y si lo «normal» ya no va contigo? ¿Qué ocurre si necesitas acabar de desprenderte de tu vieja piel, en vez de sujetártela de nuevo? ¿Qué pasa si la tristeza, el dolor, el miedo y todas las demás olas del océano de la vida tan solo quieren moverse en ti, para expresarse creativamente por fin, en vez de ser apartadas? ¿Qué ocurre si estás cansado de ser un tipo corriente?

¿Y si no estás tan limitado como te hicieron creer? ¿Y si eres lo suficientemente vasto como para sostener y contener todas las energías de la vida, tanto las «positivas» como las «negativas»? ¿Y si estás más allá de ambas y eres un océano de consciencia, unificado, ilimitado y libre, en el cual incluso la desesperación más profunda puede hallar su lugar de reposo?

¿Qué tal si tu depresión no fue más que tu inteligencia infinita llamándote de vuelta al Hogar, de la única manera que sabía hacerlo?

Tu melancolía puede contener una medicina natural.

EL FINAL DE LA SEPARACIÓN

Nadie a quien hayas amado te ha dejado nunca. Esos seres queridos tan solo se enterraron tan profundamente en tu corazón que fue difícil reconocerlos durante un tiempo.

Cuando nuestros límites imaginarios comienzan a derretirse, cuando las paredes protectoras que envuelven nuestros tiernos corazones se ablandan, nuestros seres queridos respiran de nuevo y salen de la oscuridad.

Cuando has sido tocado por alguien y has sentido la calidez de su presencia, aunque tan solo fuera por un momento y hace mucho tiempo, te has visto transformado para siempre y no puedes volver atrás u olvidar, independientemente de lo fuertemente que construiste tus defensas. Una vez que conoces la presencia de Dios no puedes volver a ser el mismo.

En la Biblia se dice: «Las montañas se allanarán, los acantilados caerán y todo muro se vendrá abajo». En el estado de presencia, en la plenitud del Ahora, la separación no puede continuar. El amor no conoce la limitación ni el tiempo. Está más allá de la muerte.

EL OLOR DE LA LUCHA

He aquí una invitación ancestral a amar la lucha de la vida, el dolor, la confusión, la incertidumbre, incluso la desesperación. Ama la impermanencia de todo; ámalo hasta la muerte. Ama su impredictibilidad, su carácter incontrolable, su cualidad inmanejable y su naturaleza misteriosa.

Nunca ha cabido suponer que la vida sería cien por cien suave. ¿Qué tendría de divertido este viaje? Ama los baches del camino. Ama la ausencia total de respuestas satisfactorias. Ama la incapacidad que a veces tienes de amar. Nunca se producen errores en este sitio que llamamos realidad, y no se te ofrece nada distinto de un fertilizante rico y denso en nutrientes, el cual puede oler mal al principio; puedes tener la tentación de salir corriendo, pero su olor contiene un secreto: ayudará amorosamente a que crezcan cosas nuevas, si le das una oportunidad y dejas de suponer que está separado de la inteligencia suprema de la vida misma, de la inteligencia Una que da nacimiento a los sistemas solares y a los polluelos en primavera. El olor de tu lucha es el olor de la vida, no el de la muerte, y no es indicativo de tu tremendo fracaso, sino de tu impresionante vitalidad. ¡Sí; estás vivo, eres sensible y lo sientes todo!

AMOR EN EL FANGO

Despertar no significa estar siempre conforme con todo, o no tener miedo nunca, o estar siempre relajado, o ser de una determinada manera todo el tiempo. ¿Por qué impones unas demandas tan exigentes a la experiencia del presente? ¿Por qué querrías poner condiciones a lo que es incondicional y qué condiciones serían en cualquier caso? ¿Por qué querrías estar a la altura de una imagen tomada de prestado, de duración determinada?

Gracias a Dios, lo que tú eres nunca tiene que estar a la altura de ninguna imagen relativa a la apariencia del despertar. La miríada de olas siempre oscilantes del océano que eres no pueden ser algo en concreto «todo el tiempo», puesto que están vivas: aman bailar, jugar, surgir y disolverse tan espontáneamente como surgieron, sin dejar rastro. Este reconocimiento supone el comienzo de un alivio cósmico para el exhausto buscador de «la próxima experiencia».

La vida nunca tiene por qué coincidir con tu idea acerca de lo que es la vida, y es por ello por lo que es tan relajante en su esencia. Sencillamente, no muestra ninguna exigencia de que la experiencia presente sea distinta de la que es. La experiencia de la vida es simplemente así: presente, completa, vacía y llena.

Pero, amigo lector, no permitas que tu inteligencia y tu perspicacia te lleven a equiparar la perfección inherente de la vida con una actitud de desapego y apatía. ¡Se trata justo de lo contrario! No consiste meramente en «dejar que las cosas sean», en hacer «sin hacer nada» o en predicar «no hay un yo» a cualquiera que esté dispuesto a escucharte. No es una conclusión mental o una creencia de segunda mano, ni una manera de bloquear el dolor. Se trata más de una actitud vital, de una manera de estar. Se trata de ver que, independientemente de lo que surja en la experiencia presente —un pensamiento, una sensación, un sentimiento—, no importa lo intenso o inesperado que sea, estos visitantes tienen un hogar en ti; son bienvenidos como amadas e inseparables olas de ti mismo. El amor ya no es un concepto de fantasía, sino que es una realidad viva, que respira, en tiempo real. Los poetas y sabios tenían razón: el final de la violencia está aquí, en tu interior. Y desde este lugar creativo y compasivo nos comprometemos con la vida más que nunca, más vivos que nunca, mientras todas las historias y sueños acerca de «mi vida» y «cómo deberían ser las cosas» se desmoronan.

Este amor, este silencio profundo y siempre presente que eres, es tan vasto que lo engulle todo. No presta atención a las imágenes de cómo debería ser. No intenta impresionar, no busca recompensas, aceptación o confirmación. No pretende ser trascendente, o estar carente de miedos, o estar más allá del dolor; no se le pueden aplicar los adjetivos *espiritual* o *iluminado*, y no actúa como si estuviera por encima de todo. No conoce la elusión, no sabe trucos inteligentes ni la manera de adormecerse a sí mismo. Se ensucia las manos.

Sí, es un amor que se mete en el barro. El no amado, el no querido y el insatisfecho quedan atrapados bajo sus uñas. Quiere a todos sus hijos; no tan solo a los guapos. Es la madre, el padre, el amante, el gurú que siempre hemos anhelado. Ama porque es todo lo que sabe hacer. Se dejaría la piel por estar aquí.

Pretendemos permanecer sin miedos y más allá de las preocupaciones humanas tan solo porque tenemos miedo. Actuamos como si fuésemos pacíficos e imperturbables tan solo porque hay una tormenta en nuestro interior. Nos esforzamos para mostrar a los demás hasta qué punto hemos ido más allá de la ira solo porque la ira sigue viva en nosotros, deseando ser encontrada. Mostramos nuestro perfecto conocimiento espiritual en público para disimular nuestras dudas íntimas. Es un equilibrio perfecto.

¿Quién parará de fingir? ¿Quién se encontrará con la «sombra», con el incomprendido «lado oscuro» de la vida, con esas olas nuestras que no son inherentemente negativas, pecaminosas u oscuras sino que sencillamente están desatendidas, abandonadas y anhelan volver al hogar? ¿Quién acogerá a los hijos huérfanos de la vida? ¿Quién sacrificará su imagen por el deleite de no saber?

Se produce un gran alivio al dejar de pretender ser nada —ni «el despierto», ni «el que sabe», ni «el que ha experimentado la beatitud», ni «el experto espiritual»— y, en vez de eso, conocernos a nosotros mismos en un nivel más profundo como el hogar de esas partes de la experiencia desahuciadas que siempre pensamos que «debían» desaparecer.

Nuestros hijos no deseados no pueden desaparecer mientras no sean totalmente libres de aparecer en nosotros. Y cuando son auténticamente libres, ¿quién querría que desaparecieran? Cuando dejan de ser no deseados, ¿hay algún problema? Incluso los no deseados son queridos aquí, en la inmensidad que somos. ¡Hay mucho sitio! Después del despertar tiene lugar esta gracia, esta inexplicable y conmovedora acogida atemporal de todo a medida que surge. Por medio de ensuciarse hasta que ya no puede ensuciarse más, el amor se purifica a sí mismo.

OLVÍDATE DE LA PERFECCIÓN

Olvídate de intentar hacerlo «bien» todo el tiempo.

Estás aquí para hacerlo lo mejor que puedas; para caerte de bruces y levantarte de nuevo; para volverte a caer; para meter la pata hasta el fondo; para fallar más allá de lo creíble; para que se rían de ti, te ridiculicen e incluso te crucifiquen, y para perder lo que pensabas que era tuyo.

Y estás aquí para abrazar el caos de todo ello, para morir en el sueño y despertar a la realidad de todo ello, para amar la perfecta imperfección de todo ello, para abrir tu corazón de par en par a todo ello; para seguir viviendo tu verdad a pesar de todo, para encontrarte con cada momento sagrado sin miedo, con los ojos abiertos.

No puedes hacerlo «bien», y por eso tampoco puedes hacerlo «mal», y hay un campo más allá de ambas cosas...

EN EL CAMPO DE MI PADRE

Estaba en el campo de mi padre
y sentí su anhelo
de algo que no pudo nombrar.

En la vieja habitación de mi madre,
al lado de su cama vacía,
allí donde solía soñar,

sentí su corazón frágil
y su valor para abrirlo.
Fue suficiente.

En casa de mi hermano,
junto al papel despegado,
en la habitación que nunca estaba lista,
por fin entendí
por qué él nunca entendió
y lloré para limpiarme.

Padre, madre, hermano:
¿acaso no erais como yo?
¿No intentabais cerrar un círculo roto,
buscar la resolución?

Ahora, por fin, el círculo no está roto.
Ahora, por fin, nos encontramos.

Vosotros y yo no somos tan distintos.

MARZO

Ya que todo es solo una ilusión,
perfecto al ser lo que es
y al no tener nada que ver
con lo bueno o con lo malo,
con la aceptación o el rechazo,
¡uno podría muy bien echarse a reír!

LONGCHENPA

AMOR UNIVERSAL
Antes de nacer,
antes de tener cinco años,
antes de tener cuarenta y nueve y ochenta y cuatro,
antes de morir,

antes de ser estudiante, antes de ser maestro,
antes de ser artista o tendero,
doctor, monje, sacerdote,
científico, granjero o buscador espiritual,

antes de ser cristiano o budista,
de ser bueno o malo,
de estar en lo cierto o estar equivocado,
antes de tener éxito o de caer en el fracaso,
antes de ser un iluminado o no serlo,
antes de ser hombre o mujer,
antes de ser este cuerpo o ser otro,
antes de ser nadie,
antes de ser «aquel que conoce»,
antes de ser «aquel que no conoce»,
antes de ser esto o aquello,
antes de ser algo,
antes de ser cualquier cosa,
soy.
Soy esta *no cosa* que permite todas las cosas,
este espacio totalmente abierto,
ilimitado, inabarcable,
en que cada pensamiento, sensación y sentimiento
se eleva y se hunde,
como las olas del océano,
siempre presente,
inmutable.

Soy la vida misma.
Soy este misterio;
lo que se crea y lo que se destruye.
Soy como un aguacero en la inmensidad.

Nazco. Lo absoluto es relativo. El tiempo. El espacio. La
expansión. La contracción. Inspiro y espiro. Succiono el pecho

de mi madre. Tengo cinco años, cuarenta y nueve, ochenta y cuatro. Crezco y aprendo. Soy estudiante, profesor, artista, bailarín, tendero, doctor, místico, monje, sacerdote, agricultor, científico, aventurero, asesino y ladrón. Soy un hombre. Soy una mujer. Soy gay, heterosexual, negro, blanco, rico y pobre, amado y no amado.

Soy cada madre, cada padre, cada hijo, cada hija. Soy cada esclavo de la antigua Roma. Soy cada niño de las calles de Calcuta. Soy cada sol que muere y el nacimiento de cada estrella.

No puedo ser algo sin ser nada en absoluto.
No puedo ser nada sin ser todo lo que hay.
Esto es la crucifixión y la resurrección.
Esto es amor más allá de la comprensión.
Esto es el latido del cosmos.
Yo soy Eso.

CÓMO AFRONTAR LA CONGOJA

Estaba hablando con un amigo que había perdido de pronto a alguien muy cercano. Tenía el corazón totalmente destrozado. Se sentía solo; expuesto; desprotegido; vulnerable; carente de respuestas; incapaz de comprender los misterios del nacimiento, de la muerte y de la pérdida repentina, incapaz de consolarse a sí mismo basándose en los tópicos. ¿Por qué las personas queridas desaparecen de la noche a la mañana? ¿Por qué parece desvanecerse tan rápidamente tanta belleza? ¿Por qué tanto dolor? ¿Por qué tanto infortunio?

En su búsqueda de respuestas había entrado en el circuito de los maestros espirituales contemporáneos, cada uno de los cuales le proporcionó una lectura sobre la realidad y lo que hay o no «más allá». Uno le habló de la reencarnación; otro de la antiexperiencia de un sueño profundo sin sueños, otro del viaje del alma tras la muerte; otro sobre la perfección pura de la conciencia pura, incontaminada, y otro sencillamente se rio de sus preguntas y le hizo sentirse como un idiota no iluminado. Ninguna de las respuestas le habló a su corazón rasgado.

¿Quién lo recibiría en medio de ese voraz incendio? ¿Quién validaría su dolor urente y la pérdida de sus sueños? ¿Quién iba, solo por un momento, a dejar de impartirle lecciones, a dejar de decirle lo que sabía o creía que era la verdad, y simplemente se encontraría con él tal como él era? ¿Quién iba a dejar de esconderse detrás de su papel de «experto espiritual» o «maestro perfecto» y permitiría que su corazón se rompiese con el de él, solo por un momento? ¿Quién estaba dispuesto a mostrarse desprotegido, vulnerable, abierto a la vida y a la pérdida de su propia imagen?

Amigos, ¿estamos preparados para dejar de considerar que tenemos las respuestas? ¿Estamos dispuestos a acabar con nuestra regurgitación incesante de los tópicos espirituales («no hay ningún yo», «nadie muere», «todo es perfecto», «tan solo existe la Unicidad»)? ¿No es hora de que despertemos de este sueño de la no dualidad, de que soltemos nuestras muletas, estas barreras que imponemos a la cruda, frágil y preciosa verdad de la existencia, y nos encontremos realmente con la persona que tenemos delante?

Puesto que son nuestros hijos e hijas, nuestras madres y padres, nuestros maridos y esposas, nuestros amigos queridos quienes han muerto de repente. En todos los casos tan solo nos estamos encontrando con nosotros mismos y nuestros corazones se parten juntos, como deben hacerlo. No es nece-sario buscar y dar respuestas. Ninguna formulación de segunda mano sobre la reencarnación, el karma, los viajes del alma y la existencia o inexistencia del más allá constituirá un apoyo. Ningún maestro, ningún estudiante, ningún personalismo en absoluto podrá sobrevivir a esta hoguera de intimidad.

El corazón partido no necesita sermones. Así que encontrémonos. Ahora.

LA LLUVIA

¿Qué es peor, la lluvia que cae o tu resistencia a mojarte?

¿Los vientos cambiantes o tu batalla contra ellos?

¿La hierba que crece o tu exigencia de que crezca más rápido?

¿Este momento o tu rechazo a él?

Considera la posibilidad de que la Vida no está nunca en tu contra.

Tú eres la Vida.

TAN SOLO CONECTA

En tu lecho de muerte, ¿te preocuparás aún por las discusiones que ganaste, por todas las veces en que demostraste a los demás lo «en lo cierto» o lo «iluminado» que estabas, por todo el conocimiento que adquiriste en tu viaje hasta este momento? ¿Pensarás aún en cuánto dinero ganaste o dejaste de ganar o en lo arriba que subiste en la escalera material, espiritual o social?

¿O acaso importará tan solo ese momento, el don de todas y cada una de tus respiraciones, la preciosa fragilidad de la vida misma y la gratitud por haberla podido disfrutar?

De las Navidades de tu infancia, hace ya muchos años, acaso no recuerdes el tamaño, la forma o el valor económico de los regalos que te ofreció la vida, o en qué estaban envueltos, o quién obtuvo regalos más grandes o mejores que los tuyos. Tal vez recuerdes tan solo el amor, la ilusión y la esperanza con que los regalos eran dados y recibidos.

Lo único que importaba era la conexión.

LA PANTALLA DE LA ACEPTACIÓN

Independientemente de lo que ocurra en una película, la pantalla en que se proyecta no se ve afectada. No envejece junto con el protagonista. Si bien el tiempo pasa *en* la pantalla, este nunca pasa *para* la pantalla.

Cuando el protagonista muere, la pantalla sigue viva, y no se achica. Incluso cuando la película finaliza, la pantalla sigue ahí; permanece disponible para la siguiente película, ya se trate de una comedia, una película de terror, un romance, un largometraje mudo del año 1912, una superproducción en tres dimensiones del año 2014... lo que sea. La pantalla acepta todo incondicionalmente; tanto que se proyecte una película como que no.

Nunca se pelea con la película ni se aferra a ella. Así está hecha la pantalla; es su naturaleza. No tiene nombre, ni edad, ni identidad por sí misma, pero permite que esas maravillosas identidades desfilen por ella, sin pedir nada a cambio. Es raramente apreciada, a menudo ignorada, pero absolutamente esencial para el baile relativo que es la vida. La pantalla es amor puro, aceptación pura y sin opuestos. Es lo que tú eres.

EL SACRIFICIO ÚLTIMO

Habla tu verdad más profunda, incluso si esto implica perderlo todo: tu orgullo, tu estatus, tu imagen; incluso tu forma de vida.

Una vida de mentiras y medias verdades, el peso de cosas no habladas con el tiempo te ahogará, a ti y a todos quienes te rodean.

Renuncia a todo por una existencia sincera. Sé consciente de que solamente puedes perder lo que no es esencial.

A MI MANERA

La vida no siempre lo hace «a mi manera».
Pero «yo» nunca me opongo a su manera
cuando no lo hace «a mi manera».
Así, la vida siempre lo hace a mi manera.

Yo soy la manera de la vida.
Sea cual sea la manera en que lo hace la vida,
yo voy con ella. No hay ninguna manera
en que pueda separarme de su manera.

La vida *es* la manera.
De manera que no hay una «manera».

La vida no siempre lo hace «a mi manera».
Pero «yo» nunca me opongo a su manera.
Así, la vida siempre lo hace a mi manera.
Incluso cuando no lo hace.

MÁS ALLÁ DE LA IMAGEN

Encuentro verdad en lo que sea que alguien diga sobre mí. De este modo, nadie puede ser mi enemigo psicológico. Llámame fraude; lo puedo encontrar en mí. Llámame mentiroso; lo puedo ser. Llámame un tremendo fracaso; no digo que no. Llámame irracional, irresponsable, ignorante, iluso, lleno de ego, totalmente desprovisto de iluminación, el peor ser del mundo, que puedo encontrar todo esto.

Como tú, soy un ilimitado océano de consciencia, siempre presente y por siempre libre. Y cada pensamiento, sensación, sentimiento, imagen, sueño, sonido u olor; cada apariencia frágil, tenue, transitoria y bella va y viene como una ola en mi regazo interminable. En calidad de consciencia, no tengo nada que ocultar, nada que perder, ninguna imagen que proteger y nada que defender, desde el momento en que nada puede amenazar lo que soy. Todo baila en mi presencia. Toda posible faceta de la experiencia está disponible para mí; se halla vista y sostenida en lo que soy. Así estoy profundamente conectado con toda la humanidad y con lo que hay más allá de ella. Este reconocimiento es en verdad el final de la guerra, el final de la protección del espejismo que llamo «yo», el final de la defensa de lo falso.

La próxima vez que te sientas provocado por la opinión que alguien tenga de ti, pregúntate esto: «¿Qué estoy defendiendo? ¿Una imagen de mí mismo? Si puedo ser consciente de esta imagen en este momento, ¿puede ser realmente quien soy?». Esta indagación es la clave de una paz inimaginable.

Sé agradecido con todos quienes alguna vez te han ofrecido algún tipo de opinión honesta. Son tus gurús, todos y cada uno de ellos.

UN DÍA MÁS

Detente por un momento y considera esto: se te ha dado un día más en este mundo.

Permite que tu corazón se rompa hoy en un millón de pedazos, si quiere hacerlo. Permítete llorar hoy, si acuden las lágrimas. Siéntete vulnerable hoy, si la vulnerabilidad te visita. Permite que toda la vida se mueva a través de ti.

Un sabor. Una mirada. Una respiración. El tacto de la mano de una persona querida. El surgimiento, vibrantemente vivo y familiar, de la alegría o del dolor. Este es un día de gratitud por los más pequeños e «insignificantes» acontecimientos, incluso aquellos que no parecen merecedores de tu gratitud.

Este no es «un día más». Es tu primer día y tu último día. El día de tu nacimiento y el día de tu muerte. Tu único día. Tu anhelado día de gracia.

EL COMPROMISO

¿Qué ocurre cuando, incluso cuando sentimos que estamos dejando, abandonando, el momento por la promesa de una salvación futura, permanecemos sentados con la cruda, no filtrada, ilimitada y viva energía vital que está sencillamente intentando expresarse justo ahora? ¿Qué ocurre cuando, solo por un momento, permanecemos con nuestro dolor, nuestro miedo, nuestras dudas, nuestra incomodidad, nuestra pena, nuestro corazón roto, incluso con nuestra insensibilidad, sin tratar de cambiarlo o arreglarlo, o de anestesiarnos frente a ello, o de deshacernos de ello de alguna manera? ¿Qué ocurre cuando, solo por un momento, a pesar de todas las urgencias en sentido contrario, no «hacemos» nada con nuestra incomodidad o nuestra pena, cuando soltamos todos los trucos, tácticas y manipulaciones inteligentes y, en vez de ello, empezamos a reconocer profundamente lo que está aquí y lo saludamos, respetando su existencia, escuchando su llamada profunda, penetrando en su misterio? ¿Qué ocurre cuando establecemos el compromiso radical de no dar nunca la espalda a este momento, mientras baila en el vacío?

En realidad, tan solo se nos proporciona un momento de dolor, y nunca más que un momento, si bien el pensamiento intenta proyectar el dolor en el tiempo y crear la historia de «mi dolor pasado y futuro», dentro de la película épica de «mi lucha de toda la vida con el dolor». Pero la vida misma es tan solo un momento, y siempre estamos a salvo del tiempo. ¿Podemos encontrarnos con la energía pura de la vida tal como surge ahora mismo? Esta es la cuestión.

Y ¿quién se encuentra con la vida? ¿Hay alguien aquí separado de la vida, en primer lugar? ¿Hay alguna elección al respecto? ¿Acaso no existe, tan solo, la intimidad con toda la experiencia? ¿No está teniendo ya lugar el último encuentro? ¿No soy acaso, como océano de consciencia, totalmente inseparable de las olas de mí mismo, de los pensamientos, sentimientos y sensaciones que aparecen? ¿No estoy acaso ya totalmente comprometido con estos hijos míos, con estas queridas expresiones de mi propia sangre y entrañas? ¿No es esta una vieja lealtad?

Por ello, no es mucho lo que necesitamos para establecer el compromiso de contactar, sin miedo, con nuestra experiencia encarnada. Se trata de recordar esa vieja promesa. En las profundidades de nuestro ser, estamos plenamente comprometidos con estar aquí. Es cuando olvidamos este compromiso primordial cuando sufrimos, buscamos y anhelamos volver a casa.

—Acércate a mí —susurra nuestra aflicción—. Tan solo un momento. No temas. Estoy hecha de ti.

—Pero no sé cómo acercarme –replicamos.

—Entonces vendré yo hasta ti. No temas. ¡Allá voy!

DE RODILLAS

En algún momento la vida te pondrá de rodillas.

Puede ser que caigas de rodillas maldiciendo al universo e implorando una vida distinta, o puede ser que te pongan de rodillas la gratitud y el asombro y abraces profundamente la vida que tienes, demasiado superado por la belleza de todo para poder permanecer de pie o hablar incluso.

De cualquier modo, son las mismas rodillas.

EN TIERRA SAGRADA

Dicen que mirar el rostro de Dios
sería insoportable;
que la luz nos cegaría.

He muerto más de mil veces;
he ardido en la hoguera de la existencia;
todas las imágenes de mí mismo se han fundido,

e incluso eso puede no ser verdad.

Digo «Dios» pero debo reírme:
esta palabra ha perdido todo sentido,
al no ser Dios más que una metáfora.

Para el frágil regalo de esta vida,
para este momento precioso, irrepetible,
para esta consciencia, inexpresable,

para la mirada familiar en el rostro de un extraño,
para las ramas heladas en invierno,
para cada paso, para cada caída,

no hay ninguna tierra que no sea sagrada.

ENAMORADO DE LOS LEPROSOS

Despertar no es una meta, ni es un camino trillado hacia un destino fijo. No es un logro personal, ni un club exclusivo para los filósofos cómodos y muy leídos.

Es peligro. Es enamorarse locamente de los leprosos. Es bucear en aguas misteriosas.

UNA INTENCIÓN SILENCIOSA

Tal vez es hora de dejar de intentar «arreglar» a quien tienes enfrente, de dejar de intentar darle respuestas o resolver sus problemas. No eres muy bueno haciendo esto, amigo. Tu naturaleza no es la manipulación, sino la presencia; no la división, sino la totalidad.

Tal vez es hora de dejar de aparentar ser la autoridad que lo sabe todo, el maestro infalible, el experto totalmente sanado. Incluso con la mejor de las intenciones puedes estar interfiriendo, sin saberlo, en los procesos de sanación naturales de esas personas. Puedes estar manteniéndolas dependientes de ti, distrayéndolas de la profunda verdad que contienen sus experiencias de primera mano.

Recuerda que puede ser que necesiten sentirse peor antes de sentirse mejor. Puede ser que necesiten sentir su dolor más profundamente antes de abrirse a su verdadera fuente de sanación. Puede ser que necesiten morir a quienes pensaban que eran antes de poder vivir realmente. Si esto es verdad para esas personas, lo es también para ti.

Así que relájate. Respira. Sal del drama. Reconoce el deseo que tienes de cambiar a los demás, corregirlos o incluso apaciguarlos.

Sencillamente escucha, sin juzgar, e intenta comprender dónde se hallan ahora. Ponte en sus zapatos. Ve claramente quién y qué tienes delante de ti.

Tal vez la ayuda más grande que puedes ofrecer ahora es tu claridad y tu atención desprovista de juicios, tu compasión natural. Sé esta transmisión; sé esta presencia; ofrece esta apertura. Permanece abierto de par en par a soluciones que aún no han nacido. Confía en los raros procesos de la vida. Sé la intención silenciosa, y las palabras, acciones, intervenciones y decisiones correctas acudirán sin esfuerzo.

Sacraliza su momento por medio de no evadirte. Sé un espejo de su propia capacidad de estar presentes. Confía en el antiguo misterio de la sanación.

Tal vez la verdadera medicina puede florecer cuando «tú» te apartas del camino. Los medicamentos y los buenos consejos pueden atenuar o incluso eliminar los síntomas, sí, pero la invitación a una sanación espiritual más profunda puede acechar bajo la superficie de las cosas.

ABRIL

Hay una voz que no usa palabras.
Escúchala.

RUMI

AL RECIBIR NOTICIAS INESPERADAS

Recibes una noticia inesperada. Sientes que se te encoge el estómago. La mente proyecta toda clase de imágenes sobre cómo la vida «podría» o «debería» haber sido. Parece como si la vida se hubiera equivocado, como si un sueño hubiera muerto, como si algo que fue tuyo se hubiera perdido. ¡Parece todo tan equivocado, tan injusto, tan cruel!

Empiezas a centrarte en lo que está ausente, en lo que no está aquí, en lo que se fue, en lo que no volverá. Ya no te sientes en casa, en el momento. Te sientes desconectado, aislado, separado, como si necesitaras que cambiara alguna circunstancia externa para poder recuperar la paz, para volver a encontrar un equilibrio estable.

Pero ¡espera! Nada ha muerto, excepto un sueño sobre cómo se suponía que tenían que ir las cosas. Sin embargo, las cosas no iban a ir de esa manera. No ahora. Ahora las cosas van de esta otra manera.

Tal vez nada ha ido mal en absoluto en el universo y este momento no es un error, no es un enemigo al que temer o rechazar, sino un amigo al que respetar y abrazar.

Cuando ponemos la atención en lo que está ausente, en lo que se ha ido, en lo que se ha perdido, nos sentimos abandonados, nostálgicos, sin conexión a tierra, separados de la Fuente, divididos contra nosotros mismos, y «una casa dividida contra sí misma no puede perdurar». La historia interminable de la carencia comienza con la resistencia al momento presente.

Cuando el foco está puesto en lo que aún está aquí, en lo que nunca se fue, en lo que se encuentra siempre aquí —cuando recordamos quiénes somos realmente, la presencia misma—, sabemos que nada fundamental se ha perdido. Nos sentimos otra vez alineados, de nuevo en casa, incluso en medio de una noticia devastadora. Tal vez este acontecimiento impactante no ha sido un error en absoluto. Tal vez ha sido otra invitación a que nos alineemos; a que nos giremos hacia el momento; a que respiremos profundamente y recordemos quiénes somos; a que recordemos lo que jamás se ha perdido, lo que nunca está ausente, lo que nunca ha sido realmente olvidado y nunca está lejos. Este algo es nuestra paz, nuestra alegría y nuestra fortaleza inquebrantable; nuestro árbol profundamente arraigado en medio de una terrible tormenta.

EL ABRAZO DE LA VIDA

Tu situación vital no tiene por qué ser perfecta. No tienes por qué estar en éxtasis a cada momento. No tienes por qué tener siempre certezas, o por qué tener siempre la razón.

No tienes por qué estar en paz o feliz todo el tiempo. De hecho, no tienes por qué estar de ninguna manera. Esto es así porque tú lo eres todo y hay lugar para todo en el océano vasto e inmutable que eres, en este océano que Es y que está radicalmente abierto a todas las olas de la experiencia a medida que surgen y se disuelven.

Eres el telón de fondo de la calma en un mundo delicado que se halla en constante cambio, donde nada permanece fijo y donde todos los bordes y límites están sujetos a la decadencia, la disolución y el misterio. Tú eres lo que queda cuando todo se ha ido; eres incluso la idea «todo se ha ido» y «yo soy lo que queda».

¿Qué es aquello que lo sostiene todo, que lo permite todo? ¿Qué es aquello de lo que no se puede dudar, incluso cuando existen las dudas? ¿Quién está leyendo estas palabras justo ahora? ¿Quién o qué está intentando comprenderlas? No es la perfección de la mente; tampoco es «la vida perfecta», «el cuerpo perfecto», «la experiencia perfecta» o incluso «el momento perfecto», sino la perfección que es el abrazo absoluto de todo esto, exactamente tal como es; el abrazo perfecto que ya eres.

LA GRACIA MÁS INTENSA

Estaba hablando con un amigo moribundo. Tenía dificultades para respirar y sentía mucho dolor. Me dijo que, a pesar del dolor, todo era de algún modo perfecto, de una manera que no podía explicar. Me confesó que en medio de la sangre, de las noches de insomnio y de la inmovilidad, había encontrado un lugar de serenidad. Este lugar estaba libre de la historia de él mismo como «el moribundo». Este lugar estaba libre de todos sus sueños y esperanzas de futuro. Era un lugar donde las cosas se aceptaban tal como eran.

La vida se había simplificado radicalmente a sí misma: el momento era todo lo que importaba ahora, y todo lo que alguna vez había importado. Me dijo: «A pesar de todo esto, no cambiaría esta vida por ninguna otra».

Esta era una clase de amor que no se enseña en los libros. No era el amor conceptual de la mente, ni el esponjoso amor feliz que va y viene y depende de que las cosas sean «a mi manera», sino un amor incondicional, un amor dulce y vigoroso, una gracia sin nombre intensa e inquebrantable, indestructible, que se renueva continuamente en el crisol de la presencia, que sopla algo irreal antes de que este algo se haga añicos. El dolor fue el gurú definitivo de mi amigo; un dolor cuyas lecciones fueron brutales e inesperadas, pero que, en última instancia, señalaban nada menos que a su libertad espiritual total, a su naturaleza infinita, inmortal y eterna.

INDESTRUCTIBLE

¿Qué tiene de malo caerse a pedazos?

De hecho, ¿por qué no desintegrarte tan completamente que no quede nada? Y ¿por qué no continuar después desintegrándote durante el resto de tu vida, reconociéndote a ti mismo como el amplísimo espacio de la conciencia que no puede desintegrarse, mientras permite profundamente que toda desintegración tenga lugar?

Por consiguiente, ¿puedes hablar realmente de «desintegración»?

Cuando te has desintegrado totalmente, eres totalmente Uno.

AQUELLO QUE REALMENTE QUIERES

En realidad no quieres lo que piensas que quieres.
Solo quieres que tu deseo se extinga,
no querer ya más nada,
estar existencialmente completo.

Pero ¿acaso no es esto otro deseo?
¿Tal vez el mayor deseo de todos?

Deseo en realidad significa 'carencia'.
Así que ahora la pregunta cambia:
en realidad, ¿de qué careces?
¿Te falta de verdad algo en este momento?

El pensamiento responde: «Sí».
El pensamiento hace una lista
de todas las cosas que faltan.

El pensamiento advierte de que ciertos objetos,
personas y experiencias
completarían este momento.
El pensamiento es siempre un buscador.
Siempre está comparando.
El pensamiento dice: «Si obtienes lo que quieres,
la carencia desaparecerá para siempre
y la vida será completa».

¡Obtén lo que quieres! ¡No más carencias!

¿Puedes ver el truco?
Se trata de un mecanismo perfectamente diseñado
para mantenerte alejado de lo que realmente quieres.

¿Qué es la verdadera abundancia?
No consiste en obtener lo que quieres.
No consiste en llenar una ausencia.
Consiste en darse cuenta
de que nada le falta al momento presente,
el cual ya está lleno hasta los topes
de miradas, sonidos y olores,
de pensamientos y sentimientos,
de colores y formas,
más allá de lo concebible.

Un pensamiento o sentimiento de carencia,
una sensación de que «falta algo»
forma parte de la completitud de este momento.
No supone una amenaza al momento
sino que forma parte de la riqueza del Ahora;
no es un enemigo, sino un visitante que es bienvenido
en el inmenso espacio abierto que tú eres.
Es un viejo amigo que ha venido a tomar el té.

Al espacio nada le falta,
puesto que está lleno de todo,
embarazado de la posibilidad,
rico en potencial.

La mente confunde la paz con la ausencia,
el espacio con el vacío
y la capacidad ilimitada con la carencia.
Ella juega a buscar opuestos,
a anhelar objetivos.

En realidad no quieres lo que piensas que quieres.
Por eso, obtener lo que quieres
no «te» satisface por mucho tiempo.

Quien realmente eres no «quiere» nada;
nunca ha oído hablar de carencias.
Ya está satisfecho con este momento
puesto que es este momento,
exactamente tal como es.

Esta es la verdadera abundancia:
recordar quién eres realmente,
antes del tiempo y del cambio.

He aquí las riquezas incomparables del universo:
una respiración.
El simple sentimiento de estar vivo.

Obtener lo que creíste que querías,
adquirir todas las riquezas materiales y
espirituales del universo,
ni tan siquiera se acerca a esas riquezas.

Todo es tuyo
cuando nada te pertenece.

El momento es un premio gordo
extraño e inesperado.

UN APOCALIPSIS CONSTANTE

Para ti, cada día es el fin del mundo. A cada hora, a cada minuto, a cada momento el viejo mundo se está desintegrando, lo conocido se está quemando y el mundo nuevo, jamás visto antes, se está revelando, con toda su frescura. Ciertamente, cada momento es el fin de un sueño y el nacimiento de la novedad.

Vista a la luz de la verdad, la vida es un apocalipsis continuo, un despertar constante a lo que es. A pesar de todo, el yo separado, con su miedo a que se pierda el statu quo y con su aferramiento a las ideologías y a las formas, empuja al «apocalipsis» en el tiempo, e incluso lo anuncia para una fecha específica. Cuando la fecha pasa, el mecanismo crea otra nueva. Tiene que hacerlo. Siempre ha sido así. Este es el buscador en acción. Para el yo ilusorio, el fin del mundo estará siempre «cerca». Es así como conserva su ilusión vigente. Le encanta el drama que va con ello. Mientras tanto, el apocalipsis intemporal de la vida, en todo momento presente, ha estado siempre con nosotros, cantando dulcemente su canción de emergencia y verdad inquebrantable.

¡DETENTE!

Sea lo que sea lo que esté aconteciendo ahora en tu vida, ¡detente!

Empieza a reconocer suavemente lo que está aquí, en este momento. Deja tus conclusiones sobre la vida, tus ideas sobre el pasado y el futuro, y empieza a advertir las sensaciones, sentimientos y pensamientos que están presentes, aquí y ahora. Advierte lo que está vivo y lo que es inmediato. Permite que tu experiencia presente —tus visiones, los sonidos y olores— se vuelvan absolutamente fascinantes, el baile más curioso de todo el universo. Estás viendo, saboreando, tocando y oyendo el mundo como si fuera la primera vez. Este es tu jardín del edén. ¡Por fin has despertado a él!

Advierte cómo el pensamiento está poniendo siempre nombres y etiquetas a las cosas: un coche, un árbol, un pie... Incluso etiqueta lo que estás sintiendo: «tristeza», «ira», «miedo», «desengaño», «expectación», etcétera. Y después lo juzga como bueno o malo, correcto o incorrecto. ¿Es el sentimiento la palabra? ¿Es el juicio el sentimiento? ¿Es el pensamiento la realidad?

Intenta llevar a cabo este experimento: en vez de llamar a eso «tristeza», suelta esta etiqueta por un momento y sumérgete profundamente en la sensación pura del cuerpo. Siente la sensación profundamente en el estómago, el pecho, el corazón, la garganta, la parte posterior de la cabeza. Supón que aún no sabes que eso es la tristeza. Permite que esta energía sin nombre baile y se mueva libremente por el sagrado espacio que eres.

En vez de llamar a eso «ira», suelta esta palabra tan pesada y entra en contacto directo con la sensación pura en el vientre, el pecho y la garganta. Siente su intensidad directamente. Siente su vitalidad pura. ¡Estás vivo! ¡¡Estás vivo!! Permite que la vida se mueva sin obstruirla. Date cuenta de que estas olas de energía surgen sin permiso; no hace falta que tú las permitas. Se manifiestan sin más porque son vida.

En vez de llamar a eso «miedo» —o «aburrimiento», o «frustración», o «impotencia»—, suelta esta conclusión de segunda mano y contacta directamente, de primera mano, con la sensación pura presente en el cuerpo. Esta energía ¿está contra ti realmente? Deja que queme, burbujee, pique, baile y se mueva, como si fuera la primera vez que la sientes. No has conocido antes esta energía. Es fresca en este momento. Y ¿constituye realmente una amenaza para la vida? ¿Está realmente obstruyendo algo, aparte de la *idea* de cómo debería ser este momento?

¿Dónde está la tristeza cuando no se la nombra? ¿Qué es la ira cuando ya no la llamamos de esta manera? ¿Qué es el miedo antes de que la palabra *miedo* aparezca? ¿Qué ocurre cuando contactamos profundamente con estas energías de la vida sin añadirles una historia?

UN POEMA PARA NADIE

¿Quién ha estado llevando estos zapatos?
¿De quién son estas pisadas?
¿Quién se come este desayuno?
¿Quién dice estas palabras, respira, se mueve como yo?

¿Quién ha conocido tanto las montañas de la dicha
como los valles de la desilusión total?
¿Quién se ha sumergido en el abismo
y ha emergido entero por el otro lado?
¿Quién ha sufrido tanto las alegrías del dolor
como los dolores del éxtasis?

¿Quién no me ha abandonado jamás
a través del nirvana, el samsara
y esos indescriptibles reinos de luz?
¿Quién ha tomado la mano del niño, del desamado,
del temeroso, del moribundo?
¿Quién es tanto el amante como el amado
y el golfo imaginario que hay entre ambos?
¿Quién ha acunado al universo entero entre sus brazos?
¿Quién está más cercano que la sensación más íntima?

¿Quién hace esas preguntas
que no pueden ser nunca respondidas
y se deleita en hacerlas de todos modos?
¿Qué música es esta que oigo
desde el alba hasta el crepúsculo?
¿Eres Tú quien lleva estos zapatos?
¿Eres Tú quien lleva a cabo
estas respiraciones moribundas?
¿Es a Ti a quien regreso?
¿Es a Ti a quien nunca dejé?

Una vez, buscándote, hui de Ti.
Hui de estos zapatos y de la superficie de las cosas.
Hui de todo lo que juzgué como mera «apariencia».

Hui de la simple maravilla de despertarme por la mañana
a un nuevo día, no sabiendo lo que iba a acontecer.

Pero ya no huyo.
No puedo buscar más lo que ya soy, o escapar de ello.

He sido destripado, se me ha dado la vuelta;
he sido sustituido por la gratitud
y se me ha dejado sin saber
por qué una vez dudé de este milagro.

¿UN VIAJE EN EL TIEMPO?

No existe tal cosa como un pensamiento del pasado. Aquello que realmente somos no «viaja» al pasado con el pensamiento. Cualquier pensamiento sobre el pasado, cualquier recuerdo o imagen surge en el presente. Cualquier pensamiento sobre el futuro, cualquier sueño sobre lo que puede o no acontecer, la concepción de cualquier plan, no tiene lugar en el futuro, sino aquí y ahora. El pasado y el futuro no acontecen en el pasado o en el futuro sino que aparecen aquí, donde tú estás, de la misma manera que una película ambientada en el pasado no hace que la pantalla viaje atrás en el tiempo.

Este momento no es en realidad ningún «momento» separado de cualquier otro. No es una franja de tiempo entre un pasado separado y un momento futuro. Este momento es el campo inmenso donde historias sobre el pasado y el futuro se yerguen y se desploman, donde los sueños nacen y mueren, donde los pensamientos, sensaciones, sonidos, olores y sentimientos surgen y se disuelven sin dejar rastro. Este momento es vasto e intemporal, y lo contiene todo.

Teniendo en cuenta que las palabras *momento* y *movimiento* vienen de la misma raíz (el latín *movere*), puede ser mejor denominar a esto el *movimiento presente* de la vida. Es el movimiento de los pensamientos, las sensaciones y los sentimientos. El movimiento del pasado y del futuro. Y ¿qué es consciente de todo este movimiento? Aquello que nunca se mueve. Aquello que realmente eres.

En medio de todo el movimiento de la vida se halla la total quietud que eres Tú.

PERFECTAMENTE INACABADO

Tal vez tus imperfecciones
no son realmente «imperfecciones»
y tampoco son «tuyas» en modo alguno.

Tal vez son los últimos vestigios
de una perfección más grande,
incomprendida por la mente y hace mucho olvidada.

¡Sal de la historia del «pobre de mí»
y descubre la riqueza en la menor de las cosas!:
una respiración, la mirada de un amigo,
una brisa de otoño.

Honra al no deseado, al extranjero que no es querido,
al error perfecto.

Cae en un maravillado desconocimiento.

Sé, por fin, perfectamente inacabado.

ENAMÓRATE DEL LUGAR EN QUE ESTÁS

Morir a todo lo que piensas que sabes.
Soltar la imagen de cómo «debería» ser la vida.
Hundirte en el gran misterio del momento presente.

Abrazar el cambio y la pérdida
como a amigos incomprendidos.

Enamorarte del lugar en el que estés.

Este es el camino de quienes saben que no hay camino;
tan solo un sinfín de destinos
y comienzos continuos.

MAYO

Una vez que sabes que el camino es el objetivo
y que estás siempre en el camino
no para alcanzar una meta
sino para disfrutar su sabiduría y belleza,
la vida deja de ser una tarea
y se vuelve natural y sencilla,
un éxtasis en sí misma.

SRI NISARGADATTA MAHARAJ

NO HAY MUERTE PARA TI

Hay muchos maestros espirituales que dicen que no existe la muerte. Voy a explicar por qué llevan razón. No tienes por qué creerlo ni que tenerme como una autoridad en la materia; basta con que examines tu propia experiencia y lo compruebes por ti mismo.

A lo largo de tu vida has sido testigo del constante ir y venir de pensamientos, sensaciones, sentimientos —dolorosos y placenteros—, sonidos, olores, imágenes, recuerdos, sueños del pasado y del futuro, visiones, fantasías, estados cambiantes de consciencia, etcétera. Has conocido la aparición y la desaparición, el ir y el venir, de todos estos «contenidos». Si el «contenido» cambiante te hubiera realmente definido, ¿quién habría sido consciente de él? ¿Se ve, eso que percibe el contenido, definido, o atrapado o limitado por este?

¿Qué es aquello que nunca has visto aparecer o desaparecer, aquello que nunca ha sido un «contenido» cambiante para ti? ¿Qué es aquello que nunca ha sido una «cosa» para ti, una forma que pasa? Tu propia presencia, por supuesto. Tú, en el sentido más profundo de *tú*. Tú has sido la Presencia no cambiante a lo largo de todas las experiencias de tu vida; el silencioso trasfondo que nunca ha aparecido o desaparecido. Si vino o se fue, no era realmente quien tú eres.

Tú, como presencia, no puedes conocer la ausencia de presencia. ¿Quién la conocería? ¿Quién la advertiría? LA PRESENCIA NUNCA PUEDE SER TESTIGO DE SU PROPIO DESVANECIMIENTO COMO «CONTENIDO». Es por eso por lo que, literalmente, la muerte no es objeto de preocupación por parte de quien realmente eres. A Ti tan solo te preocupa el Hogar que está más allá de todos los sueños en relación con el hogar. Y ya estás ahí.

Para quien realmente eres no existe la muerte. Tan solo las falsas identificaciones pueden morir, y quien tú eres no puede ser falso.

VIVE APASIONADAMENTE

Escuchaba expresiones tales como «persigue tus sueños», «cumple tu destino», «logra tu propósito en la vida», «escucha el auténtico deseo de tu corazón» o «sigue tu pasión» y, francamente, no sabía qué querían decir con todo esto.

Así que optaba por menos de lo que era posible para mí y tenía empleos en los que me sentía tan solo medio vivo, alejado de la maravilla de la existencia. La vida, la creatividad, la aventura y la pasión querían rebosar fuera de mí, pero yo no tenía ni idea de cómo catalizarlas o liberarlas. Además, me aterraba dar rienda suelta a estas energías, no fuera que alteraran demasiado el statu quo o me destruyeran por completo.

Me decía: «Una vida de aventuras no es posible para alguien tan joven como yo. Soy demasiado introvertido, demasiado temeroso, demasiado débil, demasiado feo, no lo bastante inteligente, no lo bastante valiente». Me consolaba con conceptos espirituales tales como «no hay elección», «todo es Uno» y «todo está predestinado» y vivía cada día esperando las noches, «los restos del día», en los que, seguro en mi intimidad, pudiese respirar de nuevo y ser auténticamente yo mismo por breves momentos.

¿Cuál era mi destino? ¿Qué deseaba realmente mi corazón? ¿Cuál era el propósito de mi vida? ¿Dónde estaba mi pasión? No sabía por dónde empezar. Todos los demás parecían tener respuestas, mientras que yo no disponía de ninguna. ¿Qué estaba mal en mí? Me sentía entumecido y aburrido hasta la muerte en mis empleos, pero al menos me sentía seguro. Me estaba escondiendo de la posibilidad, pero al menos el dinero estaba entrando. Yo «encajaba», y tenía una sólida historia sobre mí mismo que podía regurgitar en el marco de una conversación cortés. Pero no había ningún riesgo en ello. Estaba medio muerto, y eso que me encontraba en la veintena. Pensaba a menudo en el suicidio. Al menos entonces me sentía vivo y poderoso, si bien solo por escasos momentos.

¿Qué podía hacer con el don precioso y efímero que es la vida? Esta era la cuestión: ser o no ser, o ser pero solo a medias, o bien vivir más allá de los «deberías» de los demás.

La respuesta es sencilla, porque la vida es corta: haz aquello que te haga sentir apasionadamente vivo. Encuentra una manera —no importa cuánto tengas que luchar al principio— de ganarte la vida a partir de vivir verdaderamente. Honra tus talentos y capacidades únicos. Haz aquello que te motiva y que te conecta con la verdad más profunda de ti mismo. Cree en la prosperidad y la pasión por encima del beneficio económico, la comodidad y la aprobación de los demás, porque toda la aprobación del mundo no significa nada si es por algo en lo que tu corazón no cree.

Romper con lo conocido puede resultar aterrador. Puedes perder lo que pensabas que era tuyo, y tus imágenes de ti mismo en las que confiabas pueden derretirse en el fuego de la novedad. Es posible que debas enfrentarte al temor y el temblor, la incertidumbre y la duda, el rechazo y hasta el ridículo. Puede que tengas que aprender, de la forma más dura, a abrirte a experimentar más dolor, y la vida puede volverse más incómoda que nunca…, hasta que te enamoras de la profunda comodidad de la inseguridad y amas la seguridad de hacer aquello que hace que la vida valga la pena. Estarás nadando en lo desconocido, pero serás inmenso y estarás vivo. Sentirás cómo la vida corre de nuevo por tus venas, como lo hacía cuando eras joven y aún no te habías conformado con una vida de compromisos, sujeción al reloj y justificaciones para tu callada desesperación. Canalizarás tu vitalidad de un modo creativo y el ciclo de la prosperidad seguirá fluyendo… Y sí, incluso podrás ganarte la vida, y de un modo mejor del esperado.

Sea cual sea la cantidad de dinero que ganes, o que no ganes, estarás haciendo una contribución única al mundo; estarás haciendo algo que nadie más puede hacer, al menos no de la misma manera en que tú lo haces. Estarás creando algo fresco y original, devolviendo algo a la vida, honrando tu completa singularidad y tus talentos. De esta manera no sentirás que vives por cuenta de otros, que eres esclavo de los demás. Tu profunda confianza en la vida puede reemplazar tu miedo al fracaso y a la pobreza, y tu cinismo y tus envidias podrán morir completamente.

A veces dudarás de lo que estás haciendo e idealizarás los viejos tiempos en que todo era más fácil y predecible... pero de pronto recordarás que la vieja manera era falsa y no te servía, y que por eso todo tuvo que cambiar.

Sí, es un riesgo donar tu vida a lo que amas, a lo que te motiva y te aporta alegría, pero esto merece absolutamente la pena, porque tener una vida cómoda y predecible palidece en comparación con sentirse profunda y apasionadamente vivo y con afrontar cada día con los ojos frescos y el corazón abierto.

Honra la vida que está intentando expresarse en ti, como tú y a través de ti. No estás tan limitado como pueden haberte inducido a creer aquellos que aún no han despertado a la vida.

LA SALA DE ESTAR

Se trata de estar vivo. Se trata de despertar a la gracia. Se trata de que te ofrezcas amistad incondicional y amabilidad infinita a ti mismo. Se trata de ofrecer un refugio seguro, finalmente seguro a todas esas olas no queridas, no conocidas, no vistas del océano de ti mismo para que salgan de las profundidades, de la oscuridad, de detrás de las esquinas, de los agujeros y grietas de la experiencia y se expongan a la luz, y parpadeen llenas de asombro.

Se trata de que te des a luz a ti mismo, de tal manera que todos los pensamientos puedan por fin inundarlo todo, así como todas las sensaciones, todos los sentimientos, todos los sonidos, todas esas olas que etiquetábamos como «oscuras», «malignas», «negativas», «peligrosas» o «pecaminosas». El miedo, la ira, el aburrimiento, la duda, la confusión, la frustración o la impotencia pueden por fin venir a descansar, a respirar, a ser plenamente ellos mismos y en el espacio que eres. No son entidades separadas o enemigos; son aspectos íntimos de ti mismo y por eso no pueden herirte, incluso si te duelen. Esto es lo que a veces olvidamos en nuestra prisa por «arreglarnos» o al menos «normalizarnos».

Sí, todas esas energías arremolinadas y vibrantes que llamamos vida son bienvenidas en la sala ilimitada que tú eres, en la inmensa sala de estar en la que toda la creación canta, baila y se pinta a sí misma en el cuadro siempre cambiante de este momento extraordinario.

EL TRABAJO SAGRADO

Ama tus dudas. Son las semillas del Misterio.

Abraza tu tristeza. Una gran alegría mora en su interior.

Vuélvete para afrontar tus miedos. En su centro reside una paz inexpresable.

Celebra tu aburrimiento. Está radicalmente vivo.

Sostén tu pena. Permite que te abra el corazón de par en par.

Hazte amigo de tu ira. Conócela íntimamente como el poder vital que quema los soles.

Reconoce tu dolor. Es la súplica del cuerpo para que le prestes gentil atención.

Todos los sentimientos son profundamente inteligentes. No te interpongas en su camino.

Déjales llevar a cabo su cometido sagrado, universal.

LA LLAVE

Buscamos alguna clase de permanencia; una persona, una filosofía, un sentimiento, un estado, incluso una identidad espiritual a lo que aferrarnos. Pero la naturaleza fugaz de toda experiencia se asegura de que todo aquello que agarremos se escurra finalmente por entre nuestros dedos, incluidos nuestros intentos de dejar de agarrar. Hasta que reconozcamos que la impermanencia es en realidad una querida amiga, que la fragilidad otorga su belleza a la vida y que este día en apariencia ordinario —con su despertar, su aseo, su respiración, sus alegrías e incluso sus penas— es el querido amigo que siempre hemos estado anhelando. El Amado nos llama de vuelta a casa de todas las maneras en que puede hacerlo, y esta vida «ordinaria» es su genial invitación.

Eres prisionero de la gracia, querido amigo, y nunca se hizo la llave para que pudieras escapar.

NO ESTÁS SOLO

La muerte del padre o la madre. La ruptura con una pareja de hace mucho tiempo. Una lesión inesperada. La pérdida del amor, del éxito y el fin de los sueños.

Tu sufrimiento nunca es tuyo, aunque a veces puede muy bien parecerlo. Tu desesperación no te pertenece a «ti», individuo separado dividido del todo, sino a la vida misma.

Sea lo que sea aquello por lo que estés atravesando, otros también lo han experimentado; tal vez no exactamente en las mismas circunstancias, pero el dolor sí que ha sido el mismo. Pérdidas, rupturas, decepciones, enfermedades, la muerte... Todo esto no es «tuyo» sino que son viejos ritos de pasaje, rituales cósmicos por los que todos nosotros, si somos honestos, hemos atravesado y tenemos que atravesar para poder ser humanos.

En tiempos pasados se vivía de otra manera. Podemos discutir eternamente sobre si esos modos de vida eran buenos. Nuestras vidas estaban más estructuradas, se hallaban inscritas dentro de una tradición más clara, el marco era más obvio y había más sentimiento de comunidad, tribu o *sangha*, más apoyo entre iguales y una mayor dirección por parte de los ancianos, sabios o chamanes que habían pasado por esas pruebas universales de la vida, salido por el otro lado y regresado para guiarnos a través de nuestras propias pruebas, recordándonos esto: «Por más intenso que sea lo que estás viviendo, sé consciente de que no estás solo. Esto tenía que suceder. Muchos otros han estado aquí antes».

Con la caída de la religión tradicional y el auge de la religión de la ciencia, la tecnología y el ateísmo, estamos muy conectados y «activados» hoy en día, pero acaso nos encontramos más solos que nunca, e incluso más desesperados por establecer conexiones humanas profundas.

¿Quién nos llevará de la mano cuando muera uno de nuestros progenitores o cuando nuestra pareja nos deje? ¿Quién nos sostendrá cuando nuestros sueños se conviertan en polvo y todo se desmorone? ¿Quién estará allí, junto a nuestro lecho de muerte, para susurrarnos amorosamente al oído: «No temas, hijo; esto no es más que un viejo rito de pasaje, una parte natural del viaje que cabe esperar y abrazar, de modo que todo está bien»?

Visto desde los ojos de este viejo universo, nada de lo que acontezca en la historia de tu vida es un hecho pequeño; nada es insignificante y todo merece tu amorosa atención. No hay ningún momento «ordinario» cuando miramos con estos viejos ojos. Todo es «religioso», todo es sagrado, todo tiene mayor significación de lo que podrías atreverte a imaginar. Esta manera de ver más allá del «yo» puede ayudarnos a salir de la autocompasión y la obsesión con nuestros propios problemas y a llegar a un lugar de conexión universal y de profunda compasión por todos aquellos hermanos que, a su manera única, están embarcados exactamente en el mismo viaje que nosotros.

Podemos vivir solos, pero no vamos solos por la vida.

LA JUSTA ADVERTENCIA DEL AMOR

Lo arrasa todo. No hace prisioneros.

Destruye en un santiamén
todo lo que piensas que es tuyo.

No tiene sentimientos.

Te despojará de tu orgullo
y herirá tu dignidad.

Está especializado en poner fin
a los sueños de la infancia.

Sus métodos son brutales
pero su intención es amorosa.

Tan solo anhela despertarte
y mirar, a través de tus ojos,
su propia creación maravillosa.

LA INMERSIÓN

Me sumergí en el océano de mi propia soledad
y encontré allí la soledad de todos los seres;

muchos corazones palpitantes anhelando reconectar,
imaginando su separación de la Fuente.

Sentí el dolor y la irrealidad de esto.

Y de pronto la soledad se hubo ido,
sustituida por un gozoso impulso
de sumergirme aún más.
Solo.

UN ESPACIO ABIERTO DE PAR EN PAR

Nunca diría que «he despertado». Tampoco diría que no
lo he hecho.

¿Por qué? Porque no puedo encontrar ninguna entidad
sólida, independiente, que pudiera haber «despertado» o no.
Ninguna historia sobre mí mismo puede sostenerse aquí,
en la inmensidad. Ninguna historia puede arraigar; ninguna conclusión puede establecerse. Todo lo que encuentro,
cuando echo una mirada fresca sin supuestos previos, es un

espacio abierto de par en par donde se manifiesta la esceno-grafía dinámica de la vida. Este espacio es vivo y es insepara-ble de esa misma escenografía. Es un océano inmenso e ili-mitado inherente a su miríada de olas; de los pensamientos, sensaciones y sentimientos que van y vienen.

Cualquier afirmación de estar despierto o iluminado, o de lo contrario, es maravillosamente irrelevante aquí, en la casi despierta inmensidad sin dueño.

UN CAOS DIVINO

Fracasa por completo.

Hazte un lío.

Hazlo todo mal.

Ábrete a tu gloriosa inconsistencia.

Abraza la perfección de tu fabulosa imperfección

y podrás decir:

«¡Yo estaba allí!».

«¡Estaba vivo!».

«¡Estaba dispuesto!».

JUNIO

No tienes por qué salir de tu habitación.
Permanece sentado en tu escritorio y escucha.
Ni tan siquiera necesitas escuchar. Tan solo espera.
Vuélvete quieto, tranquilo y solitario.
El mundo se te ofrecerá libremente para que lo desenmascares.
No tiene elección. Se desplegará extasiado a tus pies.

FRANZ KAFKA

LOS HIJOS

Cuando el miedo, el dolor, la confusión o la tristeza se muevan en ti, no te desesperes ni llegues a conclusiones sobre ti mismo. Siéntete honrado por el hecho de que estos invitados incomprendidos, a la vez viejos e intemporales, cansados de viajar en solitario durante toda la vida, hayan encontrado por fin su hogar en ti. Todos ellos son hijos de la consciencia, tu amada progenie, y merecen la mayor amistad y respeto. Ofréceles el profundo reposo que eres tú mismo y permite que se calienten los pies en tu fuego ardiente...

UNA FLOR ÚNICA

Eres una flor única, con tu propio aroma irreemplazable, tu propia manera de desenvolverte por el mundo y tu propia forma de bailar en la brisa, inimitable, creativa.

Una rosa no le dice a un lirio: «Me gustaría ser tú; me gustaría tener tu perfume, tus curvas, tus colores y atraer la luz de la manera en que tú lo haces». No se lo dice porque sabe que, en esencia, son el mismo ser, la consciencia misma; son uno floreciendo como dos. Sabe que la unidad de la consciencia se manifiesta como diversidad, diferencia y variedad asombrosa; una diversidad que es, en sí misma, una llamada al recuerdo de la unidad. Una rosa ve su propia esencia en el lirio y el lirio en la rosa, pero ambos también saben respetar su propia singularidad y el hecho de que son insustituibles, su florecimiento temporal en el tiempo y el espacio.

Sé la esencia y ama tu floración; ama tu propio sabor, tu aroma único, tu danza especial que no puede ser replicada. Nunca te sientas superior o inferior a otra floración; nunca anheles eliminar tu propia floración; nunca culpes a otras floraciones por la manera en que tú floreces o no floreces, puesto que las otras floraciones son también tremendamente incontrolables y forjan su propio camino hacia la luz.

LOS SECRETOS OCULTOS DEL DUELO

La pérdida contiene en su interior un hermoso pero doloroso recordatorio de la inseparabilidad, y una llamada oculta a que recuerdes quién eres realmente.

El duelo puede sacudirte, despertarte y encararte con un factor fundamental de la existencia que tendrás que aprender con el tiempo.

Al principio, cuando alguien a quien amas muere, te deja o te es arrebatado —y el final de una relación se parece mucho a una muerte—, te sientes como si hubieses «perdido» a la persona amada. Tu madre, tu padre, tu pareja, tu gurú, tu mascota o tu hijo se fueron, y acaso no regresarán nunca. Te sientes desamparado, impotente, víctima de las crueles, irracionales e impredecibles formas de proceder de la vida. Estás afligido porque falta alguien, porque un ser está ausente —el ser del que te has visto separado—. El dolor puede parecer insoportable, inmanejable, insuperable. Sientes la ausencia del ser amado con mucha fuerza y no puedes hacer nada al respecto en este momento. Su ausencia y tu desamparo cósmico están poderosamente presentes; llenan todo el espacio.

Si te sumerges en el duelo, puedes descubrir que no has perdido algo o a alguien que esté «fuera de ti mismo» en modo alguno. En realidad has perdido *una parte de ti mismo*; una parte de ti que te hacía sentir totalmente tú mismo. Este es el motivo de que la pérdida duela tanto en este momento. Ya no te sientes totalmente tú mismo. Te sientes roto, incompleto, como si te faltara un fragmento de «ti»; como si faltara una pieza del rompecabezas de tu corazón. ¿Cómo puedes ser plenamente tú sin esa pieza? ¿Cómo puede un hijo ser un hijo sin un padre? ¿Cómo puede una esposa ser una esposa sin un marido? ¿Cómo puede un hermano serlo sin un hermano?

Empiezas a preguntarte si, de hecho, la parte de ti que «perdiste» eras realmente «tú». ¿Cómo puedes perder realmente una parte de ti mismo? Si puedes perder una parte de ti, ¿era realmente «tú», en primer lugar? Empiezas a preguntarte quién eres en realidad —o quién eras realmente— más allá de tu sueño de ti mismo. Empiezas a preguntarte quién era realmente esa persona o mascota, más allá de tu idea acerca de quién era. ¿Es verdaderamente cierto que estaba presente y que ahora está ausente? ¿Quién o qué está realmente ausente? ¿Está de veras ausente de tu experiencia actual?

A medida que nos sumergimos más profundamente a través de las capas del duelo, podemos descubrir una extraña clase de inseparabilidad respecto a quien pensamos que perdimos. Lo que se perdió fue en realidad un sueño acerca de cómo serían las cosas, un sueño acerca del futuro. Aquello que eres realmente no puede perderse; está todavía plenamente presente, a pesar de los cambios. Y aquello que esa persona o mascota es realmente tampoco puede perderse, a pesar de que su corazón dejase de latir.

En el fondo de la aflicción hallas el amor; una total inseparabilidad respecto de tu ser amado y un auténtico encuentro con Aquel que no puedes perder. La muerte no puede afectar esto. La ausencia de ese ser se convierte en su presencia, que es la tuya propia. En esta presencia intemporal, ¿quién se ha perdido?

En el corazón pulsante de la aflicción encontramos el amor incondicional, un amor que ni tan siquiera depende de la forma física. El duelo contiene su propio final. Esto no significa que olvidemos a nuestros seres queridos. Tampoco significa que no seamos visitados por ellos en nuestros recuerdos y sentimientos. No significa que la tristeza desaparezca de la noche a la mañana. No significa que no sintamos todo tipo de cosas. Pero nos damos cuenta, en lo profundo, de que no hemos perdido nada que constituya una parte fundamental de nosotros mismos; nos damos cuenta de que el mundo no se ha detenido y de que esos seres no están realmente «ausentes» de la manera en que la mente pensó que lo estaban. El dolor del vacío puede convertirse incluso en alegría.

El fantasma de la pérdida ya no nos asusta; después de todo, es un fantasma amigable. Sencillamente, se nos ha dado la experiencia de conocer a ese ser amado; de sentirlo, tocarlo, olerlo, alimentarlo, sostenerlo e incluso verlo morir. ¡Qué privilegio! La vida no puede llevarse a nadie; la vida solamente ha dado y sigue dando, si tenemos ojos para verlo. Tal vez su vida y su muerte se desplegaron de la única manera en que pudieron hacerlo. Tal vez vivió el camino que era adecuado para él, incluso al final. Tal vez murió exactamente en el momento justo.

En el núcleo viviente del duelo encontramos conexión profunda, humildad, desconocimiento y gratitud, así como compasión por toda la humanidad, por todos quienes han amado y perdido. Nos encontramos con el Misterio insondable de todo.

En efecto, al afrontarnos plenamente tal como somos descubrimos a toda la humanidad. Aunque al principio parecía que nos estábamos enfrentando con una pérdida personal, al final, el dolor profundo puede conectarnos de nuevo con algo que no se puede perder, con algo impersonal y universalmente verdadero. El duelo es un maestro duro, sin duda; un mentor implacable y aparentemente cruel, pero compasivo en su esencia. El instrumento de nuestra tortura se convierte en nuestra salvación. Recuerda a Jesús en la cruz.

Cuando la afrontamos y no huimos de ella, nuestra aflicción pura puede servirnos como una enseñanza espiritual no dual antigua e intemporal, una enseñanza dinámica y viva, una llamada a toda la humanidad a que despierte a esa compasión desgarradora. En cuanto a las preferencias de la humanidad, pudimos tan solo haberlas soñado. En realidad, la impermanencia de las cosas es algo natural y neutral. Todo pasa, y esto no es malo o bueno en sí mismo; es así, siempre ha sido así y siempre será así. La pérdida no es más que un rito de pasaje. Es cuando olvidamos o negamos la impermanencia de las cosas y soñamos con la permanencia, de modo que intentamos fijar nuestro futuro, cuando sufrimos: nuestros sueños se ven rotos por la impermanencia y nos oponemos a la manera en que son las cosas.

Todos afrontamos la pérdida —así son las cosas—, pero si podemos girarnos hacia nuestra pérdida, escucharla y mirarla a la cara, puede revelar un tesoro oculto. Podemos acabar viéndonos a nosotros mismos y viendo a nuestros seres queridos más claramente reflejados que nunca. La aflicción es solamente el amor disfrazado de un modo extraño; nos invita constantemente a acercarnos... y a seguirnos acercando...

NOTA PARA UN AMIGO

«Te tuve entre mis brazos mientras te ibas de este mundo, pero nunca te fuiste, y nunca fuiste de este mundo. Nunca sentí, ni por un momento, la desaparición de tu presencia, querido amigo, puesto que nunca sentí la pérdida de la mía propia y sé que somos Uno y el mismo, más allá del tiempo y el espacio. El amor en el que te sostuve es el amor en el que siempre estarás sostenido a lo largo de estos tiempos sagrados, mientras saco a pasear al perro, llevo a los niños a la escuela, me encuentro con todos los altibajos del sueño que nunca dejaste y, finalmente, yazco en la cama para que pase el último momento, que nunca pasa, que nunca es de este mundo, que siempre permanece tiernamente sostenido entre mis brazos, acabando de la misma forma en que empezó. Dicen que la muerte no existe, querido amigo, y es verdad; es realmente verdad...».

PERDÓN INSTANTÁNEO

Todo el mundo lo hace lo mejor que puede, desde su propia perspectiva relativa.

A causa de lo que cada uno cree, de su visión del mundo, de las limitaciones que percibe, de sus miedos, de sus heridas, de la medida en que ha perdido su auténtica naturaleza, de la manera única en que se está curando o intentando curarse, o no curándose en absoluto, cada uno no tiene más elección que ser tal como es ahora.

Puede surgir un gran perdón al ver que cada cual es esclavo de sus propias opiniones, hasta que despierta de ellas. No puedes despertar a nadie hasta que está preparado, y tal vez incluso tampoco entonces.

No saben lo que hacen.

UNA CONVERSIÓN SANADORA

Así hablaban la tristeza y la conciencia:

—Lo siento, conciencia; sé que no debería estar aquí. Lo siento mucho. Pronto me marcharé. Sé que soy un lunar en tu perfección.

—¡No!, espera. Todo está bien. Puedes quedarte aquí. ¡Relájate! ¡Estate un rato por aquí! ¡Invita a tus amigos!

—¿Quieres decir que no soy un lunar en tu perfección?

—¿Un lunar? ¿Perfección? ¿Quién te enseñó estas palabras? ¿Cómo podrías mancharme tú o alguien?

—¡Pero me han dicho que no debería estar aquí!

—Bueno, tan solo ocurre que te tienen miedo, porque no ven que eres inseparable de mí. Están intentando alcanzar algo llamado iluminación en algo llamado el futuro.

—Pero no lo entiendo. Pensaba que preferías la felicidad antes que a mí.

—¿Preferir? ¿Y esto qué significa?

—Bueno... Sé que soy muy negativa, y...

—¿Negativa? ¿Qué significa?

—Ya sabes; positivo y negativo, luz y oscuridad, cielo e infierno, tú y yo.

—Pues no. Nunca escuché estas divisiones. ¡De hecho, ni tan siquiera sé con quién estoy hablando ahora!

—Ah, disculpa. Deja que me presente. Soy la tristeza.

—¿La tristeza?, es interesante. ¿Sabes?, ocurre que estás tan cerca de mí que no puedo ver tus límites, así que me es difícil llamarte de ninguna manera.

—¡Caramba!, pues siempre creí que yo era un error. Pensé que no debería estar aquí. Ni tan siquiera me he parado nunca a preguntártelo.

—Sí, lo sé; ¡es extraño! Por alguna razón, todos hacen lo mismo. El miedo, la ira, incluso el dolor, no entiendo por qué todos tienen miedo de mí. Nunca les he pedido que se fueran. Y en cuanto a la felicidad, la alegría y la dicha, no les he pedido que se quedaran. ¡Todos están intentando permanecer o bien intentando alejarse de mí! Es muy curioso.

—Así pues, ¿*todos* pueden venir y estar en ti? Quiero decir, ¿se lo permites a todos?

—Bien..., ¡es más que esto! Verás, no puedo permitir nada ni deshacerme de nada. Todo esto es yo misma. ¿Te das cuenta? Incluso tú...

—¿Quieres decir... que yo no soy... la tristeza?

—¡Por supuesto que no, pequeña mía! Tú estás hecha de mí. Yo estoy bailando como tú, es decir, siendo tú.

—¿Yo soy tú? Entonces, ¿cómo puedo llamarte conciencia?

—Porque no hay ninguna separación. No hay ningún problema. Y nunca lo hubo.

—Lamento haber estado huyendo.

—Yo lamento que sintieras que no te podías quedar.

—Esto podría ser el comienzo de una hermosa amistad.

LA LLAMADA DEL ABATIMIENTO

Amigo, cuando te sientes abatido, perdido, lejos de casa; cuando la iluminación parece como otro país y las palabras de los sabios y santos parecen cuentos de hadas; cuando las respuestas no acuden y las dudas rugen como el fuego..., *detente*. Respira. Recuerda que nada ha ido mal. Todo lo que ocurre es que un sueño está muriendo; un sueño de segunda mano sobre cómo «habría tenido que ser» este momento.

Mientras el abatimiento te llama, mientras las dudas cantan su canción loca, mientras las historias caen en cascada como océanos, recuerda que la misma añoranza que intentas alejar te está en realidad invitando a tu verdadero Hogar, Aquí y Ahora; un hogar que es previo a todos los hogares terrenales.

Un problema es una situación que anhela que se le preste gentil atención. Una crisis es un punto de inflexión. La enfermedad es una llamada a un profundo alivio y descanso. Un trauma es una invitación a una clase de aceptación que ni tan siquiera nunca imaginaste. Las dudas candentes son explosiones de inteligencia suprema, llamadas a que confíes profundamente en tu experiencia de primera mano y una inmersión valiente en el abrazo constante de lo Desconocido.Incluso cuando todo parezca estar yendo mal, detente, respira y recuerda que nada puede ir mal en el campo inmenso de tu presencia inmortal.

UN AMOR PERFECTO

¡Las cosas que debería haber dicho,
las maneras en que mostré rechazo,
protegiendo una imagen que nunca fui yo,
por una salvación que jamás conocí!

Pero ahora he aprendido
que la salvación tan solo reside en *girarse hacia*,
en quemar estas imágenes una por una,
en soltar esos hijos preciosos,
esos que retuve por amor,
por miedo a no ser nada.

Esto puede ser más duro
que dejar partir a mis hijos biológicos.

Pero ¿quién dijo que era fácil
el amor incondicional?
No es fácil.
Es un genocidio interno.
Las llamas arrasan sin discriminación,
sin dejar ninguna parte de mí intacta.

Pero prefiero morir
antes que no conocer nunca este amor.

Así que no tengas piedad, querido amigo.
Siéntate a mi lado mientras ardo.
Toma mi mano una última vez.
Déjame sentir tu cálida presencia.
Quiero que sepas que siempre te amé
a mi propia manera imperfecta.

A través del humo espeso y rancio de mi antiguo yo,
a través del transcurrir de todo lo que creímos
que nunca pasaría,
¿puedes oler la libertad indescriptible?
¿Lo entiendes ahora?

LA LIBERTAD DE NO ESTAR PRESENTE

Nos animan a «estar en el ahora» y «estar presentes» y tal vez esta es una práctica útil durante un rato. Pero después vas más a lo profundo y preguntas: «¿Qué es este *yo* que puede estar o no presente?». Y pronto descubres que tú *eres* esta misma presencia, siempre presente en medio de estar presente *o* no estar presente, en medio de cada pensamiento, sensación y sentimiento; una presencia inalterable, indestructible y muy íntima. Tú eres el común denominador en todas las experiencias de tu vida. Tú eres la base inmutable de toda experiencia. Así que hazte el mejor presente de todos: ¡la libertad de estar o no presente!

EL ÚNICO DIOS

Una de las cosas más divinas, sagradas e íntimamente religiosas que te pueden suceder es la pérdida total de tu religión personal, el fin de tu creencia de segunda mano en Dios y el despertar a aquello a lo que la expresión *Dios* ha estado siempre apuntando, más allá de las palabras, los sonidos, las imágenes y el transcurrir de las experiencias.

Confinar a Dios a una palabra, una creencia, una imagen, un sentimiento, un concepto, una historia, un sueño o una ideología, aprisionar a Dios en un sistema religioso de una duración determinada es poner límites a la inmensidad y ponerle a Dios un límite, un interior y un exterior, una forma, un marco temporal. Creer en Dios, pensar en Dios, soñar en Dios, discutir sobre Dios, reivindicar a Dios como «mío» o «nuestro» de alguna manera es separarnos a nosotros mismos de Dios y los unos de los otros, y crear una división donde no hay ninguna. Esto es idolatría; es culto a la forma, a los relatos y a la verdad mental. Y no es pecado, sino una limitación inmensa, un olvido humano de lo que puede ser solamente insinuado por la metáfora *Dios*.

Dios no puede ser nada menos que la totalidad, que todo lo que es tocado, saboreado, oído, olido, sabido, imaginado y soñado; también es todo lo que soñamos en cuanto al Dios de una religión personal o en cuanto a la inexistencia de Dios. *Dios* es una palabra, una metáfora para designar a Aquello de lo que surge todo, antes de las creencias y los conocimientos humanos, e incluso antes de la fe. Sí, Dios es tan inmenso que incluso nuestra fe es demasiado pequeña para contenerlo, y nuestra ciencia no puede ni tocarlo. Aun así es tan íntimo, obvio y presente como la próxima respiración...

Podemos afiliarnos todos a distintas religiones, aferrarnos a distintas creencias, vestirnos de distintas maneras y hablar lenguas distintas, pero conservamos una intimidad secreta con el mismo Dios: la presencia misma.

¿DEMASIADA VIDA?

A veces la existencia puede resultar abrumadora. Las olas del océano de la vida pueden ser tan intensas que nos parece que seremos destruidos si vamos un poco más allá, y la única «solución» parece ser encerrarnos y distraernos de la experiencia presente, y después soñar con una libertad o un despertar futuros. Podemos sentir un dolor, miedo, tristeza, alegría y dicha tan inmensos, tan inmanejablemente colosales, tan intensos que es casi como si estuviéramos a punto de morir, o de ser aplastados por el peso de la vida, o quemados en su fuego. Puede ser aterrador estar al borde de la muerte de esta manera, hallarse en el precipicio de la disolución total.

Pero tal vez no es la muerte lo que tememos, sino *el exceso de vida*.

Sin embargo, al igual que el océano, al igual que el vasto espacio de la consciencia que sostiene todas estas amadas olas, nunca puedes ser destruido realmente, puesto que sabes que todas las olas no son más que movimientos de ti mismo y que no pueden dañarte en tu esencia. Una ola no puede rebasar el agua, una tormenta no puede destruir el mar, un tornado no puede dañar el aire, una lágrima no puede llorar por sí misma. A partir de esta certeza podemos expandirnos en vez de contraernos, relajarnos antes que tensarnos; podemos permitirnos sentirnos totalmente desbordados, más allá de lo razonable, mientras sabemos en lo profundo que nunca podemos vernos realmente abrumados en nuestra esencia, y que si alguna vez llegamos a ese punto difícil de alcanzar en que lo que estamos experimentando es «demasiado», la inmensa, creativa y amorosa inteligencia del cuerpo nos hará caer inconscientes al instante. Siempre estamos a salvo del «demasiado».

Así que podemos abrirnos sin miedo tanto al dolor como a la dicha e incorporar ambos en nosotros, sabiendo que nunca pueden en realidad saturarnos, confiando en la inteligencia del cuerpo, de tal manera que incluso los lugares más oscuros dentro de nosotros se vean inundados por la luz y la pérdida se transmute en amor, el dolor en compasión y el «busca y encontrarás», el más arraigado de los conceptos, se disuelva en «deja de buscar; descansa en ti mismo y te habrás encontrado».

NUESTRAS HERIDAS, ILUMINADAS

No escondas tus heridas, amigo.
Permite que las ilumine la luz de las velas.
No te voy a juzgar.
Verás, todos hemos sido destrozados.

No hay vergüenza en ser herido.
Tú has librado muchas batallas.

Tus heridas no son tus defectos.
Iluminadas, son recordatorios
de una sanación más profunda.
Iluminadas, son invitaciones a lo Intacto.

Justo ahí, en el centro de tus heridas,
infinitamente más profundo que la iluminación,
un silencioso Aleluya está presto a despertar.

Solo eres un «desastre»
si te comparas con alguna imagen de segunda mano
de lo que es la perfección.

JULIO

La consciencia en ti y la consciencia en mí,
aparentemente dos, una en realidad,
buscan la unidad. Y esto es el amor.

NISARGADATTA MAHARAJ

EL CÍRCULO DE LA VIDA

En todo el mundo, y en las noticias de cada día, la gente mata a la gente. Personas que están en «un bando» matan a personas que están en el «otro bando». Cada bando reivindica tener la razón. Cada uno está aferrado a un antiguo dolor. Ninguno de los bandos está dispuesto a ser el primero en dejarlo correr; están cargados de razones por las cuales no pueden y no van a soltar. Este es un cuento trágico, y es tan viejo como la humanidad misma.

¿Cuándo despertaremos a la evidencia de que todos somos la misma Consciencia disfrazada? ¿De que independientemente de quiénes pensemos que somos y de cómo nos mostremos, más allá de nuestras historias y de nuestra historia, nuestras religiones, nuestras nacionalidades, nuestras creencias, el color de nuestra piel, nuestros difíciles pasados e inciertos futuros, somos todos expresiones de la vida Única? ¿Cuándo despertaremos a la evidencia de que en realidad no hay israelíes o palestinos, judíos o cristianos, budistas o musulmanes, ateos o agnósticos, demócratas o republicanos, gurús o discípulos?

¿Cuándo nos daremos cuenta de que estas imágenes nunca pueden definirnos, de que quienes realmente somos, en el nivel más fundamental, es indefinible y misterioso, nunca está fijo o separado, nunca se halla identificado con una imagen, de la misma manera que el vasto océano no puede ser definido por sus olas?

La consciencia no tiene nacionalidad ni religión. Ella da lugar a los israelíes y a los palestinos, a los gurús y a los discípulos, a la luz y a la oscuridad, al *yin* y al *yang* de este mundo onírico y siempre cambiante.

Puesto que somos la consciencia misma, cuando nos herimos unos a otros estamos hiriendo tan solo a nuestros hermanos, a nuestra propia familia, que son olas de nosotros mismos. Tan solo estamos luchando con reflejos de nuestro Rostro original. Tan solo estamos matando a quienes amamos, a unos viejos amigos.

La guerra exterior nunca ha llevado a la paz interior. ¿Cuánto derramamiento de sangre, cuánto dolor, cuántos hombres, mujeres y niños más tienen que desaparecer en el infinito antes de que despertemos?

Ese niño que sangra es mi hijo. El círculo de la vida no se afilia a ningún bando.

LA CURACIÓN NATURAL

Cuando nuestras heridas son ignoradas, negadas, reprimidas, desatendidas o apartadas, comienzan a ulcerarse, y acaban por envenenarnos a nosotros mismos y emponzoñar a quienes nos rodean.

Cuando prestamos amorosa atención a estas mismas heridas —ya sean emocionales o físicas—, cuando les damos permiso para existir en el inmenso paisaje del momento presente, cuando aparecen incondicionalmente iluminadas por la amorosa luz de la conciencia que somos, empiezan a sanarse naturalmente, sin esfuerzo.

No te engañes: «sanar» no es arreglar algo roto, no es «convertir en bueno» algo «malo»; tampoco es transmutar la oscuridad en luz. Es algo mucho más profundo que esto: es la comprensión de que, en el nivel más fundamental, nada está roto, nada es oscuro y nada está contra la oscuridad, y de que incluso nuestras heridas no son más que invitaciones inteligentes a detenernos y recordar nuestra profunda naturaleza original —siempre presente, imperecedera, no nacida y completa.

Vistas a la luz de la conciencia, nuestras heridas no son nuestras heridas en absoluto; son nuestros mayores maestros espirituales y nos sanan de todos los conceptos heredados de salud y enfermedad, ignorancia y despertar, salvación y pecado.

CAMBIO SIN ESFUERZO

¿Quieres la pareja perfecta? ¿La madre perfecta o el padre perfecto? ¿El jefe perfecto? ¿El cuerpo perfecto? ¿Los sentimientos perfectos? ¿La iluminación perfecta? ¿La vida perfecta? ¿Qué te parecería aceptar profundamente lo que ya está aquí en este mismo momento? ¿Qué te parecería aceptarte profundamente, con toda tu imperfección e incompleción, en el mismo punto donde te hallas ahora? ¿Qué te parecería aceptar profundamente a los demás tal como son?

Es un extraño punto de partida, lo admito. Suena un poco contradictorio. Suena como rendirse. Como conformarnos con menos de lo que nos merecemos. Parece como... debilidad espiritual. Va totalmente contra la mentalidad de «sal y consigue lo que quieras».

Sí, estas enseñanzas sobre la Presencia, sobre estar Aquí y Ahora y sobre la Conciencia del Momento Presente le parecen demasiado simples, incluso ingenuas, a la mente. Es muy fácil malinterpretarlas y subestimarlas. Después de todo, ¿quién quiere soltar sus sueños sobre el pasado y el futuro y afrontar un momento misterioso? ¿Quién quiere admitir la fragilidad y la preciosidad de la vida, su naturaleza fugaz, el don agridulce que es? ¿Quién quiere afrontar su propia impotencia y reconocer una profunda humildad cósmica? ¿Quién quiere dejar de experimentar el tiempo? ¿Quién quiere abandonar la idea del control? ¿Qué corazón podría asumir esta gracia?

La verdad más profunda de la existencia es simple, pero nunca simplista.

¿Es la aceptación de «lo que es» lo mismo que renunciar a la posibilidad del cambio? No. Nunca.

¿Significa la aceptación tolerar las cosas o «apechugar» con ellas? ¿Significa dejarse llevar a ciegas por los impulsos violentos? En absoluto.

¿Significa la aceptación volverse pasivo y desapegado, hacer la vista gorda ante la violencia y permitir que los demás nos pisoteen y atropellen a nuestros seres queridos? De ninguna manera. ¿Significa la aceptación adoptar un nuevo papel, el papel de la persona «espiritualmente muy evolucionada, profundamente aceptadora, totalmente pacífica que nunca se ve afectada por nada»? No. La aceptación no es un papel y tampoco es personal.

La aceptación profunda significa mirar la vida a la cara, ahora mismo. Significa girarse hacia lo que está aquí en vez de huir. Significa soltar los sueños y esperanzas y despertar a lo que es verdad. Significa poner fin a la guerra, ver a través de la ilusión del «yo» separado desde el misterioso mecanismo de la vida. Significa una alineación total con la Manera Como Son las Cosas. Significa estar por fin en casa, independientemente de lo que esté ocurriendo.

Es la paradoja suprema: la de cómo la aceptación profunda e incondicional del momento puede desembocar en un cambio inteligente y creativo, y de un modo sorprendentemente fácil. La mente nunca estuvo a cargo del cambio.

EN EL OJO DEL HURACÁN

Descansa mientras el huracán se acerca.
Relájate mientras todo lo que conoces finaliza.

En el ojo del huracán,
en el centro de la locura,
tan solo perderás aquello que imaginaste que eras,
todas tus definiciones.

El huracán no destruirá tu capacidad de amar,
ni tu sensación de estar vivo.
Tan solo te recordará lo que ya hace mucho supiste.

Así que permanece ahora
en la calma previa a la tormenta
y espera;

y cae, sin que quepan más opciones,
en el centro infinitamente tranquilo
del gran torbellino.

LIDIAR CON LA CRISIS

Vivimos tiempos de grandes cambios. Tal vez siempre lo hemos hecho.

Muchas personas con las que hablo están atravesando grandes transformaciones y convulsiones en sus vidas en este momento. Ya nada tiene sentido para ellas. Se sienten perdidas; sienten que viven una vida que no es realmente la suya. Esta experiencia también fue la mía, durante muchos años.

En realidad, las crisis son saludables. Significan que la serpiente está mudando su piel. Las viejas maneras, las identidades estancadas, ya no sirven. Y no puede tener lugar una auténtica transformación sin dolor. Piensa en Jesús en la cruz, o en el Buda antes de iluminarse.

El cambio es inevitable, y la invitación siempre es la de girarse hacia el dolor que provoca e invitar a entrar a este momento, como si lo hubiésemos escogido, incluso si no te puedes creer ni por un momento que hubieses podido llevar a cabo esta elección.

DEBAJO DE LAS ETIQUETAS

Lo etiquetamos todo y a todos: las plantas, los animales, las estrellas, incluso nuestros sentimientos íntimos. Es así como hablamos de «tristeza», «ira», «miedo», «aburrimiento» y «confusión». Estas son palabras que aprendimos de niños, pero por debajo de las etiquetas, antes del lenguaje abstracto, hay aquí un misterio profundamente vivo, innombrable, imposible de aprehender con el pensamiento. Sin nuestras descripciones mentales de la experiencia, ¿tenemos alguna manera de saber qué estamos experimentando? Quita la etiqueta «tristeza». ¿Qué está vivo ahí? Retira la descripción «ira». ¿Qué es esta energía apasionada y pura que sentimos? Deja de llamar a cualquier emoción «positiva» o «negativa», «correcta» o «incorrecta», «saludable» o «enfermiza». ¿Qué ocurre? Acude a la sensación pura de la vida, al baile del cuerpo en el momento presente. ¿Qué es esta energía vital pura, dinámica, no filtrada? ¿Podemos tocar la vida antes de etiquetarla?

Así es el río de la vida, amigos, sagrado, familiar e íntimo. Somos inseparables de su flujo. Cada pensamiento, sensación, sentimiento e imagen está infundido de los misterios de los universos.

EL AHORA INEVITABLE

Si puedes estar en el ahora, también puedes estar fuera del ahora. Pero ¿quién está dentro o fuera del ahora? ¿Y cuándo? ¿Ahora? Incluso la experiencia de estar fuera del ahora, si esto fuese posible, estaría ocurriendo ahora. No podemos huir del ahora o evitarlo. Puesto que todos los conceptos de pasado y futuro, de antes y después, de ayer y mañana, de ahora y luego, tienen lugar ahora, el ahora no conoce nada fuera de sí mismo; ningún límite, ningún opuesto, ningún «otro ahora». El ahora es previo al tiempo. Es el lugar donde los conceptos de «ahora» se disuelven en una maravilla silenciosa, carente de palabras.

REGALOS DE ORO

Si huimos de nuestra tristeza,
si volvemos la espalda a la ira,
si negamos al miedo su derecho inherente a estar aquí,
si echamos nuestro dolor a las calles frías y oscuras,
¿cómo podremos llegar a saber
que estos eran preciosos regalos hechos de oro,
forjados en los fuegos que somos
hace ya mucho tiempo?

BESADOS POR LA VIDA

Nos sentaremos juntos durante horas
y dejaremos que la puesta en escena de la vida
rompa nuestros corazones en millones
de pequeños trozos.

Después observaremos, asombrados,
cómo en el espacio que hay entre dos latidos
la misma puesta en escena
vuelve a fusionar los pedazos,
como si la vida nos hubiera besado.

Después iremos a tomar un café,
o a lavar los platos,
o a buscar a los niños a la escuela,
o a bailar celebrando la plenitud de las cosas,
con los corazones preñados
de un misterio agridulce.

CÓMO SENTARSE CON UN AMIGO
QUE QUIERE SUICIDARSE

Cuando te sientas con un amigo muy perturbado, eres testigo de una crisis espiritual, no tan solo de una crisis médica. Debes comprender que el anhelo de muerte de tu amigo es, en realidad, el anhelo de volver al Hogar. Está intentando despertar de una pesadilla. Su crisis es su oportunidad.

Debes comprender que no puede matar al Yo que es; tan solo puede matar al «yo» pequeño y limitado, el que ha imaginado ser hasta ahora. Su anhelo de «quitarse la vida», «dejar este mundo» o «matar el yo» es su anhelo secreto de destruir la falsa identificación con el cuerpo y la mente, de despertar a la Verdad. Su anhelo de morir contiene inteligencia y creatividad, y merece ser respetado. No es un error, una aberración o un enemigo; *es un anhelo de autenticidad*.

Sostenlo, abrázalo, puesto que el anhelo de morir, que es *el anhelo de vivir disfrazado*, arde con fuerza en él. Acepta el momento en que se encuentra.

No intentes controlarlo o pretendas que deje de sentir lo que está sintiendo. No trates de animarlo o decirle que todo está bien en realidad, o darle respuestas «precocinadas» como una manera de huir de tu propia incomodidad. ¡Está cansado de respuestas tópicas! Ve con él a las profundidades. Encuéntrate con él en su soledad sin intentar enderezarlo, sin tan siquiera pretender convencerlo de que su deseo de morir es incorrecto, enfermizo o no válido.

Toma su mano. Ve adonde nadie más se ha atrevido a ir. Recuerda que tan solo te estás encontrando contigo mismo; estás encontrando tu propio miedo a la muerte, acaso incluso tu secreto anhelo de morir.

No hables con él como lo hace el médico con el paciente, o el profesor con el estudiante, o el experto con el novato. Háblale de amigo a amigo; como si la inteligencia se estuviese hablando a sí misma. Encuéntrate con él más allá de vuestros distintos roles.

Está atravesando una profunda crisis de identidad, un rito de pasaje esencial. Curarse siempre implica una crisis, un cambio repentino e inesperado. Algo en el amigo, alguna clase de dolor ancestral, anhela ser sentido, tocado, corroborado. Es una petición de amor tan vieja como la humanidad. ¿Quién va a escucharla?

Quiere vivir, pero no sabe cómo. Anhela una conexión íntima, pero no puede hallarla en «esta vida». Anhela una profunda aceptación y un profundo descanso. Aunque ahora tenga ganas de irse, tócalo con la vida; muéstrale tu voluntad de permanecer aquí. Recuérdale que aquí es posible establecer conexiones humanas profundas, en esta vida, en este momento, en este lugar. Muéstrale que incluso en las profundidades de su desesperación no está solo.

Permanece presente en su crisis. Tu presencia dice más de lo que podrían decir las palabras. Tu miedo aquí no es necesario. Estás siendo testigo de algo sagrado e íntimo. Date completamente.

Tal vez no tienes por qué saber cómo resolver la situación o cómo salvarlo. Tal vez este no es tu verdadero cometido.

Tanto si va a vivir como a morir, encuéntrate con él ahora, en ese extraño espacio de incertidumbre. Pasa un momento consciente con él. Ofrécele tu escucha profunda. Recuerda que se está sanando a sí mismo, de la única manera en que ahora sabe hacerlo.

AGOSTO

Si el camino que tienes ante ti aparece despejado,
estás probablemente en el camino de otro.

JOSEPH CAMPBELL

EL MAYOR DE LOS ALIVIOS

Afróntalo: tu vida nunca va a arreglarse.

¡Aleluya!

Es decir, la *historia* de tu vida será siempre imperfecta. Esta es la naturaleza de esta historia: siempre está incompleta, siempre está buscando una conclusión, siempre está sujeta al tiempo y al cambio.

En la película de tu vida, las cosas no van siempre según el plan. Las personas no siempre te comprenden. Te escuchan mal, citan erróneamente tus palabras y se hacen una idea equivocada de ti. Se forjan sus propias opiniones sobre ti, por más diáfano que pretendas mostrarte. Tu éxito puede convertirse en fracaso. Tu riqueza puede desembocar en pobreza. Las personas a quienes amas pueden dejarte. Los problemas que llegan a solucionarse pueden llevar a nuevos problemas. No importa cuánto tengas, puedes tener más o perder más. La historia de «tu vida» nunca va a ir bien. E incluso si va bien, sea lo que sea lo que esto signifique para ti, tú aún estarás aquí, en este momento, ahora. Este es el único lugar donde las cosas pueden «ir bien», si alguna vez lo hacen.

En realidad, las cosas ya han «ido bien», si nos situamos más allá de la historia. Puesto que en este momento, en realidad, ya no hay ningún objetivo, ninguna imagen de perfección, ninguna comparación, ningún «debería» o «no debería», y los pensamientos, sensaciones, sentimientos, sonidos y olores que aparecen en este momento son totalmente apropiados; encajan maravillosa y perfectamente a tiempo en este momento en la película de tu vida.

Si no hay un guion, ¿cómo podría este momento salirse del guion? Si no hay un plan, ¿cómo podría la vida no ir de acuerdo con un plan? Si no hay un camino, ¿cómo podrías salirte del camino?

Darte cuenta de que el hecho de que tu vida nunca va a arreglarse, de que incluso no puede arreglarse y de que ni tan siquiera se supone que tenga que arreglarse constituye el mayor alivio y aporta la mayor tranquilidad; te conduce profundamente dentro de la sacralidad de las cosas tal como son. Tu vida puede ser imperfecta, un desastre, pero es un desastre imperfecto perfectamente divino; es una obra de arte sagrada, incluso si a veces lo olvidas.

La humillación se convierte en humildad en el plazo de un latido. Todo lo que queda es tu caída de rodillas con gratitud por lo que te ha sido dado y por lo que aún no te ha sido arrebatado.

LA FE

Yo no creo en nada.

No tengo ninguna religión. No tengo ningún dios, incluidos los dioses del dinero, la ciencia y el ateísmo. No sostengo teorías fijas sobre la realidad, incluida esta. Veo el cielo y el infierno, el karma, la reencarnación y la búsqueda de la iluminación como hermosos cuentos de hadas. No tengo gurú, linaje ni maestro, y, de este modo, todo me enseña. Veo la duda y el misterio profundo como mis compañeros más confiables. No recorro ningún camino aparte del que está apareciendo directamente frente a mí. No tengo ningún otro hogar además de mi propia presencia. No creo en nada más que en lo que realmente sucede. No le encuentro sentido a la vida más allá del de vivirla sin miedo. Sé que hoy podría ser mi último día. Me siento agradecido por todo lo que se dio y por todo lo que se perdió con el tiempo.

Veo la limitación inherente del lenguaje y aun así amo jugar con él. Veo la broma implícita en el uso de las palabras *yo*, *mí*, *me* y *mío*, y aun así me deleito usándolas. Me doy cuenta de que no soy mi historia, e incluso me doy cuenta de que no es más que una historia.

Encuentro imposible decir algo sobre mí mismo, porque la experiencia está constantemente cambiando. Por el contrario, encuentro fácil hablar del yo que soy que nunca cambia. Sé que, en el nivel más profundo, soy inmensamente igual a ti. Sé que todas estas frases son pálidas imitaciones de la verdad.

No creo en nada. No tengo ninguna religión.

Tan solo creo en cada respiración. Y en un asombro cada vez y por siempre más profundo.

AMOR SIN NECESIDAD

Este es el sentimiento más brutalmente honesto, liberador y amoroso: «Te amo. Te respeto. Adoro estar contigo y pasar tiempo contigo. Pero no te necesito para estar contento. No eres responsable de mi felicidad. Nunca te he culpado, ni te culparé, de mi desdicha. Estás libre del peso intolerable de tener que elevarte hasta mis expectativas, de tener que cambiar para satisfacer mis necesidades interminables, de tener que ser quien me completas, puesto que ya soy completo tal como soy. Te amo. Te respeto. Tal como eres».

UN BRUSCO DESPERTAR

Cuando un ser querido abandona su forma física, o aparece un diagnóstico inesperado, o una relación finaliza, o experimentamos algún tipo de pérdida o conmoción profunda, podemos vernos «bruscamente despertados» de nuestro sueño, sacudidos por esa vieja y querida amiga que es la aflicción. «Esto no estaba en el plan», nos decimos. Parece como si la vida de alguna manera se hubiese equivocado, como si el universo hubiese recibido un golpe que ha alterado su curso. Sentimos que «nuestra» vida tal vez se ha acabado y que recuperarse es imposible.

Pero ¿qué ha ocurrido en realidad, aparte de que un sueño se ha acabado? ¿Qué ha muerto en realidad, aparte de nuestros planes aparentemente sólidos para el futuro? Soñamos con caminar juntos hacia el ocaso, soñamos con todas las cosas que íbamos a hacer juntos, con todo lo que nos íbamos a divertir, con todo lo que íbamos a lograr. Vivimos durante tanto tiempo con esos sueños, esos planes, esas expectativas que nos olvidamos de que tan solo estábamos soñando, y tomamos los sueños por la realidad de «nuestra vida». Ahora que los sueños se han desmoronado, ¿qué queda?

Pero esas películas futuristas *nunca iban a tener lugar de cualquier modo*. No es que nuestros planes y sueños, que estaban a punto de hacerse realidad, resultasen frustrados por nuestra incompetencia o mala suerte, sino que nunca iban a tener lugar. ¿Por qué? Porque no tuvieron lugar. Esta es la realidad, por más ganas que tengamos de discutir con ella.

Hay una enorme diferencia entre la pérdida irreversible de algo que era «mío» y la comprensión de que lo que era «mío» nunca fue mío en absoluto. Estamos literalmente llorando sobre nuestras propias identidades, imágenes y yoes perdidos. Parece que estamos llorando por algo o alguien que está «ahí fuera», pero en realidad la muerte se encuentra mucho más cerca y es más íntima que esto.

Y la invitación de la vida es esta: permanece con esta muerte interior. Permanece en ese caos. No hagas ni un solo movimiento que te saque de la experiencia presente. Ahí puede haber oro oculto, pero nunca lo sabrás si intentas alejarte. Permanece cerca de la aflicción, del dolor universal de la pérdida, para que no se solidifique como amargura y depresión, como una creencia sobre lo terrible que es el mundo y lo cruel que es la vida, como una historia pesada sobre tu «terrible mala suerte», una historia que puedes llevar contigo durante el resto de tus días. Esto no tiene por qué ser así.

La vida no es cruel, porque la vida lo es todo. Es la pérdida de nuestros sueños la que se siente «cruel» al principio. Pero dentro de esta pérdida hay una invitación secreta: la de despertar de todos los sueños. La de ver la perfección inherente en todas las cosas, en todos los movimientos de la vida, no como una idea o creencia flácida, sino como una realidad viva. La invitación a ver que la vida nunca se equivoca, porque no hay ningún objetivo que perder, y que incluso la intensa aflicción que sentimos es un movimiento de amor, incluso si esto no parece ser así en este preciso momento.

Es porque amamos tanto la vida y nos amamos tanto entre nosotros por lo que lo sentimos todo con tanta intensidad. Y somos lo suficientemente inmensos como para contenerlo todo —la dicha y el dolor, la alegría y la aflicción, los planes y la destrucción de estos planes—. Lo que somos no se ha deshecho, y nunca se ha perdido. Tan solo nuestros sueños y esperanzas inocentes se ven aplastados.

Así pues, cada pérdida es una pequeña invitación a soltar esos sueños que no iban a realizarse de cualquier modo y a ver la vida tal como realmente es. Primero se siente como sufrimiento y depresión, pero en realidad es una especie de compasión cósmica cuyas peculiaridades la mente no tiene esperanzas de comprender.

Justo en el centro de cada experiencia de pérdida está la posibilidad de descubrir la alegría de soltar y el alivio de no tener que seguir agarrándose bien.

EL SEMIPÁJARO

Dulce pájaro libre,
que vuelas un kilómetro por encima del suelo,
medio mundo lejos de casa,
no temas perderte.

Siempre me encontrarás
infinitamente cerca de ti,

en la penumbra,
en el instante silencioso que
hay entre el batir de las alas,
en las sombras imposibles
que arrojamos al suelo, sin saberlo.

Piérdete en el aire,
semipájaro dulce y libre;
olvida todos los límites imaginarios del vuelo.

Átate a mí
y lancémonos en picado,
en silencio.

ASOMBRO Y MARAVILLA

Todo aquello que alguna vez has anhelado ya está presente, aquí y ahora —que es, por supuesto, el último lugar donde has buscado—. ¡Qué ingenioso es esto! Cada respiración. Cada sonido. Cada sensación que surge. Aquello que ya ha sido permitido. Aquello que nunca puede ser bloqueado. Incluso el dolor, el aburrimiento, la desesperación, incluso esas olas aparentemente no queridas y no deseadas de experiencia oceánica pueden por fin anegar el espacio donde «tú» no estás, y donde nunca has estado. El vacío está rebosante de vida.

La paradoja es la siguiente: ninguna de estas sensaciones puede volverte a tocar; ni tan siquiera la tristeza más grande. Eres teflón cósmico, y todo se desliza fuera. E incluso esto no es verdad, puesto que lo sientes todo con más intensidad que nunca antes, incapaz de bloquear nada de ello, incapaz de alejarte de tus propios hijos, de tu propia carne y de tu propia sangre, de estas olas de ti mismo. ¿Quién huiría, cómo y de qué? Esto es vida en su plenitud íntima, sin tabúes. Es la eterna crucifixión de Eso que no puede ser crucificado.

¿Qué queda sino la gratitud? Gratitud por el hecho de que lo que ha ocurrido ha tenido lugar. Gratitud por el misterio de ello. Por la aventura de ello. Y si nunca ocurre nada más, sé consciente de esto, querido lector: has estado aquí para ser testigo de todo. Lo has conocido. Lo has saboreado. Lo has sentido. Lo has olido. Lo has visto: el reflejo de una luna menguante en la ventanilla de un coche. La textura del agua calmada. La fragancia del algodón. Las profundidades silenciosas de la meditación. La rabiosa intensidad del miedo. La conmoción del dolor. El drama del romance. La dicha de la soledad. Los huesos de tu abuela. Ha sido suficiente.

¡Oh, ha sido más que suficiente! Ha sido demasiado, de hecho. Demasiada gracia. Un exceso de gracia. Inmerecidas cantidades de gracia. El yo separado huyó despavorido de la inmensidad que no pudo comprender en un millón de años, de manera que buscó más, y se agarró a lo que pensó que tenía, buscando una salvación futura o una iluminación que nunca vino, y que no puede venir con el tiempo.

Pero la vida nunca dejó de cantar su canción de amor, escrita justamente para «ti». Asómbrate y maravíllate, amigo mío. Asómbrate y maravíllate.

HOY

Tan solo vivirás un día. Solamente tendrás que afrontar un día. Y este día es hoy, este día vivo, este día Único, este día eterno, el único día que de verdad importa. Nunca antes ha sido vivido y nunca volverá a serlo. No hay otro como él.

Podemos confiar todos nuestros sueños y esperanzas al mañana, podemos esperar una salvación o un salvador futuros y languidecer por una iluminación final u otra vida que puede o no venir... pero no nos olvidemos nunca de hoy, de este día que rebosa de vida.

No olvidemos este momento, esta respiración, este latir del corazón, esta vitalidad vibrante que llamamos cuerpo, la cercanía, intimidad y presencia de las cosas como son, esta gracia-misterio que se mueve en nosotros, a través de nosotros y como nosotros.

Puesto que en realidad el aquí y ahora puede ser todo lo que tenemos, y todo lo que hay de veras. Podemos estar muertos mañana sin ninguna esperanza de continuidad, y esto es lo que hace al aquí y ahora tan infinitamente valioso, gozoso y frágil en su belleza, y merecedor de nuestra más gentil atención, así como de nuestro más profundo respeto y gratitud.

Es tan solo a través de la contemplación de la posibilidad de la muerte como la vida se ve afirmada y dotada de perspectiva y significado. Es esto lo que hace que valga la pena vivir, e incluso celebrar, en este día todos los días.

Verás, la aseveración de que «tan solo existe el Ahora» no es algún tipo de filosofía inteligente, o un juego de palabras, o una creencia que tenga que ser probada o desmentida o sobre la que se pueda discutir, sino una invitación profunda y abierta a todos los seres humanos a que degusten profundamente el sabor y la fragancia de esta preciosa vida, no «como debería ser» sino «como es», quizá por última vez, y acaso por vez primera.

Este día aún tiene que ser vivido. Está repleto de potencial.

LA SALA

Eres una enorme sala. Tus contenidos son los pensamientos, las imágenes, las sensaciones, los sonidos y los sentimientos. Tus contenidos están constantemente moviéndose, cambiando, reajustándose a sí mismos, pero la sala que eres permanece siempre en perfecta quietud.

Nunca estás limitado, atrapado, definido o comprendido, completado o amenazado por tus contenidos. Contienes y abrazas sin esfuerzo pensamientos, sensaciones y sentimientos, así como una madre abraza a su recién nacido, y de la misma manera que el universo abraza el nacimiento de las estrellas.

Saber quién eres —el abrazo incondicional del *conten*ido de este momento— es auténtico *content*amiento.

RECUERDA TU PRESENCIA

¿Quién eres? ¿Quién ve con tus ojos? ¿Quién oye con tus orejas? ¿Quién respira?

Debes ser tú quien está leyendo estas palabras en este momento. Debes ser tú quien es consciente de los sonidos y sensaciones presentes. Debes ser tú quien está presente en medio de cada respiración; presente, siempre, aquí y ahora, no en ningún otro lugar, ni en ningún otro tiempo. La historia de «una persona con un pasado y un futuro» no es, ni ha sido nunca, quien realmente eres. Tu verdadera identidad reside en este mismísimo momento; no en tu historia o en tus sueños.

¿Quién es consciente de los pensamientos a medida que van y vienen? ¿Quién conoce el surgimiento de los sentimientos y su paso? ¿Quién entiende el paso del tiempo? ¿Quién observa cómo envejece el cuerpo?

Tú. Tú eres quien siempre ha estado aquí. Tú eres quien ve la creación y el juego del «yo». Tú eres aquel por quien baila el universo. Tú eres la presencia en la que los pensamientos, sentimientos e imágenes, e incluso estas palabras, surgen y se disuelven como olas en el océano. Tú no estás en el mundo; un mundo aparece para ti, en tu presencia.

Tu propia presencia es lo más íntimo, simple y obvio, lo menos cambiante y dramático, el escenario silencioso donde baila la vida. Todas las preguntas y respuestas se sumergen en ti. Todos los sueños caen en tu abrazo. Todo se origina en ti y vuelve a ti. Y aquello a lo que llamamos muerte no es más que una relajación total dentro de tu propia presencia.

Para encontrarte a ti mismo, toma cualquier respiración y pregunta: «¿Quién está respirando?». ¿Está respirando alguien del pasado? ¿Está respirando la imagen que tienes de ti mismo? ¿Está respirando tu nombre? ¿Tal vez una historia? ¿O un pensamiento? ¿Está respirando la frase «estoy respirando»? ¿Acaso lo está haciendo tu sueño de ti mismo? ¿O no hay otra cosa que respiración, teniendo lugar en Ti?

EL BARÓMETRO

Tendemos a ver nuestra experiencia presente como una especie de barómetro cósmico para medir lo lejos que hemos llegado en el camino, lo lejos que estamos de nuestras metas. Si en nuestra experiencia presente se mueve el dolor, o el miedo, o la duda, o la tristeza, lo cual concebimos como experiencias equivocadas, concluimos que debemos de estar haciéndolo mal.

En cambio, si sentimos dicha y gozo justo ahora, juzgamos que debemos de estar haciéndolo realmente bien, que nos estamos acercando al momento perfecto que nos aguarda en el futuro.

Pero este barómetro es falso. En realidad no hay ningún indicador, puesto que no existe ninguna autoridad en experiencias correctas. No hay un destino fijo hacia el que nos estemos moviendo, ningún lugar final de descanso. La experiencia actual nunca es un signo de otra cosa, ni un escalón hacia ella. Nunca es un barómetro de nuestro éxito o fracaso, ni una advertencia sobre lo cerca o lejos que estamos del Hogar. Es el propio Hogar, no importa lo que esté sucediendo.

RESPALDADO

El amor mordisqueará y roerá tus huesos
hasta que tus rodillas se doblen y te caigas al suelo,
donde el amor te susurrará al oído:

—Mira, no puedes sostenerte a ti mismo.

—Entonces ¿qué me sostiene? –preguntarás.

Tus ojos se encontrarán con los suyos
y lo sabrás.

SEPTIEMBRE

Ríndete a la gracia.
El océano cuida de cada ola hasta que llega a la orilla.
Se te da más ayuda de lo que nunca sabrás.

RUMI

SOBRE LA BELLEZA

Nos han lavado el cerebro para que creamos que las puestas de sol, los océanos, las flores, las sonrisas felices, las mariposas en primavera y las supermodelos de las revistas son entidades hermosas, mientras que las deformaciones, las desfiguraciones, la inmensa tristeza, los vasos rotos, los corazones rotos, los sueños rotos, los monstruos del circo y los excrementos de perro no lo son.

Decimos que el Hombre Elefante fue feo, mientras que Marilyn Monroe fue hermosa. Separamos lo positivo de lo negativo, la belleza de la fealdad, incluso la vida de la muerte, y este es el origen de toda violencia: la escisión conceptual de la vida en fragmentos. Dividimos al gran Indiviso y luego creemos en esa división, de manera que la tomamos como la realidad. Así es como tenemos a niños que crecen sintiéndose feos, tenemos a niños desesperados por ser guapos; niños que intentan imitar la imagen de la belleza que les hemos metido en la boca con una cuchara. Nos maquillamos tanto que parecemos pasteles; nos retocamos y enmascaramos, tapamos nuestras bellas imperfecciones y a menudo acabamos sintiéndonos menos bellos que nunca, más solos que nunca, más falsos que nunca, en nuestra lucha permanente por esa perfección difícil de alcanzar, o al menos por ese «encajar» esquivo.

¡Evita que te sigan lavando el cerebro y seguir viviendo una vida de segunda mano, en que te hallas buscando siempre la aprobación o incluso el reconocimiento de los demás! ¡Todo es bello, todo! O, al menos, todo es una llamada a esa belleza universal subyacente que no conoce límites u opuestos; la belleza de la existencia, de la vida misma. Todo, absolutamente todo es una invitación a esto. La cara del vagabundo, el hedor de lo podrido, la sangre, el sudor y los mocos, todo es vida, todo es sagrado, y aunque podríamos preferir que algunas de estas «cosas sagradas» se fuesen con su sacralidad a otra parte, todavía, a pesar de nuestros mejores esfuerzos, siguen estando ahí, para pincharnos, empujarnos y recordarnos que despertemos a la inmensidad de las cosas. Todas y cada una de tus «imperfecciones», cada defecto, arruga y lunar, cada secreción, cada olor que intentas enmascarar y ocultar con tanto ahínco es una pequeña invitación a que recuerdes tu mortalidad, tu humildad subyacente, tu secreto agradecimiento por las cosas tal como son y tu poder enorme e insondable como expresión única de la Vida misma.

Sé lo que eres. Siempre se ha dicho esto, y siempre ha sido verdad.

No dejes que nadie te diga quién o qué es hermoso.

UN AMOR QUE NO PUEDE EXTINGUIRSE

Si nuestro amor depende de las apariencias, cuando el aspecto del otro declina, el amor mengua. Si nuestro amor se basa en los sentimientos, cuando estos se debilitan, nuestro amor se ve amenazado. Si nuestro amor tiene que ver con historias pasadas, cuando estas historias no pueden recordarse, nuestro amor resulta olvidado. Si el amor se aferra a la forma, cuando la forma muere, como debe morir, el amor también muere.

¿Hay un amor que no dependa de los sentimientos o las formas? ¿Hay un amor sin condiciones? ¿Hay un amor que no se vea tocado por la enfermedad y la muerte?

Por supuesto que sí. Es esa amorosa presencia que da la bienvenida a cada pensamiento, cada sensación y cada sonido como si se tratasen de sus propios hijos. Esa presencia amorosa no se aferra a nada, no se resiste a nada, y dice: «Yo soy lo que tú eres, así que no podemos estar divididos».

Por eso, querido amigo, no te amo, sino que *soy* tú, allende la esperanza, el miedo y todos los conceptos sobre el amor y la muerte...

LA VOZ DE LA ADICCIÓN Y LA VOZ DE LA LIBERTAD

Esta es la voz de la adicción: «He olvidado quién soy. Siento carencia y falta de plenitud en el momento. Necesito que X me devuelva mi plenitud, mi propia presencia, que me recuerde de nuevo quién soy. X me traerá la presencia en el futuro. La presencia está fuera de mí ahora. Dependo de X. Necesito a X».

Y he aquí la voz de la libertad: «Sé que nada ni nadie puede llevarse la presencia que soy. Siento la necesidad, el deseo, la carencia de X. Lo reconozco, incluso lo permito —las sensaciones del cuerpo, las imágenes de la mente—, pero sé que X fundamentalmente no puede darme ni va a darme nada que no esté ya aquí. X no me traerá la presencia, la paz verdadera. La presencia tiene lugar Ahora. No está fuera de mí, ni se halla contenida en objetos, personas o sustancias. Es lo que soy, en el sentido más profundo. La necesidad, la contracción, la sensación de limitación no son enemigas, sino que me recuerdan lo que soy: un espacio naturalmente inmenso, ilimitado, inalterable y siempre presente, radicalmente abierto a todos sus contenidos cambiantes. Es mi infinitud inherente la que permite esta sensación de limitación. Es mi relajación natural la que permite esta sensación de contracción. No dependo de X para tener paz en el momento presente. No necesito a X. Ya estoy completo, incluso sin X. Ya estoy completo, ahora».

TAL COMO ES

¿Estás intentando permitir este momento? ¿Intentando huir de este momento? ¿Intentando rendirte a él? ¡Llegas demasiado tarde!

Los pensamientos, sensaciones, sonidos y sentimientos actuales *ya* están aquí. Las compuertas de este momento están ya abiertas de par en par, y no pueden cerrarse. Los pensamientos, sensaciones, sonidos y sentimientos actuales ya están anegándolo todo. En otras palabras, ¡ya has fallado en tu intento de evitar este momento! Simplemente, no hay nadie al cargo de las compuertas, nadie que esté separado de la vida, nadie que pueda represar esta corriente salvaje de energía. Lo que tú eres está permitiendo que este momento sea; lo hace sin esfuerzo, sin poder elegir y sin poder hacer nada al respecto.

El reconocimiento de que la naturaleza de la experiencia es ser «tal como es» es la clave de la libertad sin límites y de la expresión creativa ilimitada e incluso compasiva, así como de la acción inteligente, por más contradictorio que esto le parezca a la mente racional, la cual cree que el cambio tan solo puede proceder de la historia, que el descanso profundo no es más que pasividad y estancamiento y que la ausencia de esfuerzo tan solo puede proceder del esfuerzo.

Olvídate de intentar permitir o resistirte a él y olvídate de intentar controlar la vida o de renunciar a este control, y reconoce que en un nivel más profundo, ubicado más allá de la comprensión, este momento ya ha sido totalmente permitido, y que lo que estás sintiendo, tocando, oliendo y saboreando ahora es tan solo el resultado de la aceptación total, previa al surgimiento de la imagen de «ti» como el que aceptas o no aceptas.

Lo que tú eres, más allá de lo que te cuentas a ti mismo, ya ha dicho «sí» a la totalidad de este momento.

DEJA DE PRETENDER QUE TENGA SENTIDO

¿Puede estar bien, ahora mismo —y tan solo existe el ahora—, que nada tenga nunca más sentido?

A veces parece que todo en tu mundo es caótico. Todo lo que pensaste que era sólido, cierto, predecible y confiable resultó ser tan fino como el papel y estar sujeto a las leyes de la impermanencia. Las bases y los cimientos de tu vida se han desmoronado, o esto parece.

Tienes una sensación extraña, de vacío. El suelo que pisabas ha desaparecido, todo gira fuera de control y estás viviendo en un universo extraño, hostil incluso. El pasado parece de pronto muy irreal; es como si hubieses estado viviendo una mentira todo este tiempo. ¿Ocurrió eso alguna vez? Y el futuro parece muy incierto, incluso aterrador; es como si estuviese hecho de cristal y, básicamente, no se pudiese confiar en él. ¿Qué es real? ¿A qué puedes aferrarte?

Tal vez no ha tenido lugar ningún desastre, ninguna gran calamidad, y el actual torbellino no sea más que otra invitación gigantesca a estar *aquí*, a vivir en este momento, que es el único que existe. Una invitación a girarte hacia esta sensación de vacío y falta de base, a honrar dicha sensación profundamente, a permitirle que esté. Una invitación a decir «sí» a la vida en todo su repertorio de manifestaciones actuales, a todo lo que es incierto en este momento, a todo lo que gira sin control, a que nada de todo esto tenga sentido, a poner un signo de interrogación gigante a toda tu identidad. Una invitación a quitar el foco de la historia del tiempo y el espacio y volver a ponerlo, amorosamente, en el sitio donde estás y donde siempre estarás: el aquí y ahora, tu verdadero Hogar. Una invitación a soltar los sueños y a sumergirte en el sagrado misterio de todo ello.

Tal vez entonces, en medio de la descomposición, las semillas del avance puedan echar raíces —si son plantadas con sabiduría, regadas con amor y sostenidas en el calor de tu intemporal presencia.

ESTE EXTRAÑO LUGAR

¿Podemos encontrarnos allende la historia de ambos,
en ese lugar donde no hay expectativas,
y ahí abrazarnos?

¿Podemos encontrarnos más allá del sueño del mañana
y redescubrir lo que está aquí hoy
de tal manera que hoy se convierta en mañana,
sin esfuerzo?

¿No nos hemos encontrado siempre de esta manera
aquí, en los confines del mundo,
donde todo es posible?

¡Parece tan familiar
este lugar extraño!

DESPERTAR ES TAN SOLO EL COMIENZO

Nunca he conocido a nadie que sencillamente «despertase» un día y nunca más volviese a sufrir —por más que nos guste creer esta historia, en cuanto a nosotros mismos y los demás—. Nunca he conocido a nadie —maestro o estudiante— que descubriese «quién realmente era» y nunca lo olvidase, ni siquiera en medio del dolor físico o del hermoso caos de una relación íntima humana.

Pasé años, después de mi llamado «despertar», encontrándome con todos los condicionamientos humanos insatisfechos; con el dolor de la infancia; con el dolor de toda la humanidad; con las olas no queridas del océano de la vida; con los sentimientos de duda, fracaso, autoimportancia, arrogancia e impotencia; con la necesidad de ser perfecto y la necesidad de tener razón, con las formas que habían sido reprimidas, ignoradas o enterradas durante al menos un cuarto de siglo. Finalmente, en ausencia de la necesidad de huir de la vida, con el reconocimiento de que todo estaba en última instancia permitido en lo que soy, accedí a que el «material humano» respirara, se expresara, cantara y se disolviera a su debido tiempo. Lo personal se autopurgó en el fuego impersonal de la vida, en el horno del no saber, hasta que resultó absurdo el mero hecho de hablar de lo impersonal como distinto de lo personal... o incluso hablar de «mi despertar» en modo alguno.

La liberación puede ser el fin de la creencia en un «yo» separado; pero en realidad, amigos, este es tan solo el comienzo de la aventura, por más que queramos pensar en ello como en alguna clase de «punto final». Requiere un enorme valor soltar la historia de tu propio despertar, ser de nuevo un hijo de la vida, admitir que en realidad no sabes absolutamente nada y que nunca lo supiste.

ESTE MOMENTO NO TIENE OPUESTO

Este momento, no importa la forma que adopte, no tiene opuesto. Investiga esto profundamente, porque esta comprensión es la clave de una paz inimaginable.

Los opuestos no existen más que en el pensamiento. *Pasado/futuro*, *correcto/incorrecto*, *hermoso/feo*, *iluminado/no iluminado*, *vida/muerte*... no son más que divisiones establecidas por el pensamiento. ¿Puedes encontrar estas divisiones, estas brechas, estas hendiduras en la realidad, en la experiencia directa?

Ningún sentimiento tiene un opuesto. Las sensaciones tampoco. Ni los sonidos. Un pájaro que ahora esté cantando no tiene ningún opuesto; tan solo puede tenerlo en la imaginación, si decidimos oponer el hecho de que «el pájaro está cantando» al hecho de que «el pájaro no está cantando». Pero el piar inefable del pájaro no tiene opuesto, de cualquier modo. Esta energía intensa que alberga en su pecho o estómago no tiene opuesto.

El sentimiento puro de la vida no tiene opuesto; tan solo podría tenerlo en el pensamiento, en la imaginación, en el sueño del tiempo y el espacio.

Cuando te das cuenta de que, en realidad, este momento no tiene ningún opuesto, dejas de intentar huir de él. Debido a que este momento no tiene ningún opuesto, no hay ningún otro momento que se le oponga. No tiene ningún opuesto, ningún enemigo. Es un momento verdaderamente original, único en todo tiempo y espacio, libre para ser él mismo, que nunca está en guerra.

¡Da inicio a una revolución inesperada! Date cuenta, profundamente, de que este momento es todo lo que hay y de que no tiene ningún opuesto, excepto como imagen en tu cabeza de cómo «debería» ser o «podría» haber sido. Y date cuenta de que ni tan siquiera esta imagen puede oponerse a este momento. Todo está permitido.

PRIMER CONTACTO
Un solo instante de contacto desnudo
lo cambia todo.

Un solo instante de tocar directamente
tu miedo, tu ira, tu tristeza,
tus dudas, tu soledad, tu aburrimiento;

un solo instante de encuentro directo
con la energía pura de la vida misma
que se halla tras las etiquetas y los conceptos,
que es anterior a las palabras;

un solo instante de encuentro con «lo que es»
sin expectativas, sin intentar escapar,
sin protecciones, sin rechazos,
cambia para siempre tu relación con ello.

Ahora os conocéis el uno al otro directamente,
más allá de las teorías.
Habéis penetrado vuestras defensas mutuas,
habéis visto a través de las fachadas,
habéis establecido verdadero contacto,
y ya nada será lo mismo.

Ahora, por más lejos que viajéis el uno del otro,
por más que intentéis alejaros el uno al otro,
por más que intentéis desesperadamente
olvidaros el uno del otro,
nunca olvidaréis realmente que una vez
os encontrasteis tan en lo profundo
que os habéis tocado el uno al otro
y habéis sido, a vuestra vez, tocados;
que os habéis sostenido el uno al otro
en las palmas de vuestras manos
y os habéis visto reflejados
y habéis olvidado la división
y la separación entre las cosas.

Ahora, cuando el miedo aparezca de nuevo,
o cuando regresen las olas de la tristeza,
o cuando la ira estalle desde el vacío creativo,
o cuando un pensamiento aparezca flotando,
sabrás que se trata tan solo de un amigo íntimo
que ha venido de visita;
es tan solo aquel o aquello que amas
brillantemente disfrazado.

Basta con un momento de contacto real.
Después, no hay vuelta atrás.

Puesto que no puedes olvidar realmente
a aquel a quien amas,
a tu propio hijo,
a tu misma carne y a tu misma sangre.

No importa cuánto cambie su aspecto.
No importa lo lejos que vaya.

LA LUZ Y LA OSCURIDAD

Los seres humanos han pensado siempre en términos de opuestos abstractos, conceptuales: *Dios y el diablo, la vida y la muerte, el placer y el dolor, lo bueno y lo malo, el yin y el yang, la dualidad y la no dualidad.*

Algunas personas ven la vida como una batalla interminable entre la luz y la oscuridad. Algunas esperan que ella vencerá. Otras toman partido a favor de la oscuridad. Pero ¿hay realmente una guerra? Las sombras tan solo aparecen *porque* hay una fuente de luz. Las sombras no tienen una existencia separada de la luz; no tienen poder por sí mismas. Las sombras no pueden oponerse realmente a la luz, puesto que sin la luz no son nada en absoluto. Reciben todo su poder de la luz. Son totalmente dependientes.

La luz nunca necesita temer a la oscuridad, o anhelar su muerte o destrucción. La verdadera luz no conoce ningún opuesto, oposición o enemigo mortal. Prestamos mucha atención a la oscuridad, a los aspectos «negativos», a las sombras, a lo que vemos como la «ausencia de luz», y no nos damos cuenta de que la única razón por la que podemos reconocer la oscuridad es porque la luz está aún prendida. Sin luz no hay oscuridad. Y nosotros somos esa luz, la luz intemporal de la consciencia misma.

No combatas la oscuridad. Utiliza la apariencia de la oscuridad para recordarte la Fuente de Luz siempre presente que eres. No te opongas a las sombras que ves en el mundo; conócete a ti mismo como esa luz de la consciencia ilimitada e intemporal con mayor convicción y te darás cuenta de que la oscuridad nunca estuvo «contra» ti en modo alguno; tan solo constituyó un recordatorio de que no olvides nunca quién eres, de que veas a través de la división ilusoria que hay en ti mismo.

La lucha entre la luz y la oscuridad no puede nunca ganarse, puesto que nunca empezó.

MOMENTO A MOMENTO

De pronto, en casa, en el trabajo o cuando estás de recreo, se desencadena una crisis. Algo va mal, de manera inesperada. Se pierde algo querido. Algo familiar se acaba. Te sientes incomprendido, maltratado, herido, conmocionado, perdido. Acuden a visitarte viejos amigos íntimos: esa sensación de vacío en el estómago. Esa falta de aliento. Esa opresión en el pecho. Ese sentido de desorientación primigenio. ¿Quién eres? ¿En qué se puede confiar? ¿Qué pasará después? Un sueño acerca de cómo «iba a ser» la vida está muerto o moribundo. Una vieja identidad se está derritiendo. Un viejo futuro se ha anulado a sí mismo.

¿A qué se te está invitando? A que estés con esta muerte. A que respires a través de ella, a que respires dentro de ella. A que descanses y permanezcas presente en medio del movimiento repentino. Arráigate mientras el antiguo suelo desaparece; nunca fue el verdadero suelo, de todos modos. Recuerda que solo se está desmoronando lo falso, y que lo real no puede venirse abajo. Recuerda que quien realmente eres no puede perecer; solo tus planes pueden derrumbarse y morir. «Tu vida» está siempre cambiando, esta es su naturaleza, así que deja que el cambio sea natural, y permite que lo falso sucumba dentro de la Vida que eres. Deja que la verdad viva se revele a sí misma, momento a momento; no intentes rebobinar la película o hacer que avance rápido. Recuéstate sobre el aparente caos, relájate en la actual escena. Ve la vitalidad y creatividad del ciclón: tan solo estás siendo testigo del morir de los sueños. Aquel que eres ha conocido muchas tormentas. Conócete a ti mismo como la profunda e imperturbable calma que se halla en el ojo intemporal del huracán. Una crisis no es un desastre; es un parto inesperado. A esto es a lo que se te invita de manera constante.

OCTUBRE

Mi sentido de Dios no es una deidad,
sino un sentimiento profundo de asombro.

ALBERT EINSTEIN

TU MEDIA NARANJA

Deja de buscar tu «media naranja», tu «alma gemela», aquella que te «completará»: ya está aquí. Como la consciencia misma que eres, tu compañía perfecta es el mundo, exactamente tal como se manifiesta.

El enorme y espacioso Salón del Tú ya está lleno hasta los topes de tu querido contenido: pensamientos, sensaciones, sentimientos, imágenes, sonidos; todo ello está cantando y bailando en tu interior en este momento. Vacío y forma; fuiste hecho para ambos. Esta es la unión perfecta de eso que nunca fue dividido.

Cásate contigo mismo y permite que suenen las campanas de boda.

NUNCA VA TAN MAL COMO CREES

Lo peor que tendrás que afrontar nunca en esta vida es un pensamiento, una sensación, una emoción, un sonido o un olor que esté ocurriendo en *este* momento. Independientemente de lo intenso o inesperado que sea ese evento, de hasta qué punto destruya tus sueños de lo que debería haber sido, siempre hay en ti espacio suficiente para la vida, puesto que eres la consciencia misma, un vasto océano en que está permitido a cada ola de pensamiento, sensación y sentimiento elevarse y hundirse. Tu abrazo es ilimitado.

A lo que sea que esté apareciendo —se trate de un pensamiento, sentimiento, sensación, imagen o sonido—, ya le has dicho que *sí*. Es por eso por lo que ya está aquí; porque no había ningún «tú» sólido, separado, que pudiese bloquearlo. La ausencia de un «tú» separado es un *sí* constante e intemporal a la vida, por más paradójico que suene esto.

Expresado de otra manera, nunca tendrás que afrontar nada, en la experiencia actual, a lo que no hayas dicho ya que sí en las mismísimas profundidades de tu ser. Esto es así independientemente de lo incómoda, intensa o inesperada que sea esa ola de experiencia. Saber esto aporta una profunda relajación y confianza en relación con lo que está por venir. Entonces podemos abrirnos a la vida, en vez de cerrarnos a ella.

Conócete a ti mismo como el océano ilimitado de la aceptación, como la consciencia misma, y descansa sin miedo en tu naturaleza inalterable e inmutable. Y sigue adelante.

SOBRE EL ESTRÉS

El estrés es la tensión entre lo que acontece en este momento y tu imagen de cómo este momento debería ser. El estrés resulta de adoptar un enfoque limitado a una lista mental de «cosas por hacer»; es el peso imaginario de «todas las cosas que aún no se han hecho».

El estrés siempre implica pensamientos de futuro, un «avance rápido de la película» prematuro, un enfoque *en lo que no está aquí en este momento*.

Cuando el foco cambia de lo que no está presente a lo que está presente, de la carencia a lo que está totalmente aquí, del avance rápido al *play*, y en vez de intentar completar una lista aparentemente interminable de mil tareas te limitas a hacer lo próximo poniéndole toda tu atención y pasión, se pueden hacer todas las cosas de la lista sin esfuerzo, sin estrés; y, si no, se encuentran soluciones creativas.

Relájate. Lo único que tienes que hacer es recordar que no eres «el que hace».

UNA CONVERSACIÓN CON LA SOLEDAD

—Me siento solo.

—Fantástico. Una invitación a intimar con la soledad.

—¿Qué quieres decir?

—Intenta esto: suelta la palabra *soledad* por un momento. Siente las puras sensaciones en el cuerpo. ¿Dónde las sientes? Siente los aguijones, los cosquilleos, las vibraciones...

—Lo siento en el estómago. Es como una sensación sola, vacía.

—Fabuloso. Ahora suelta las palabras *sola* y *vacía*. Conecta con lo que está ahí sin acudir a esas descripciones de segunda mano.

—De acuerdo. Lo siento... vivo. Cálido. Es una sensación como un hormigueo.

—Bien. Permanece con ello.

—Lo siento suave. Tierno. Vulnerable. Se parece a... la vida.

—Bien. Permanece ahí un rato. Haz a estas sensaciones el regalo de tu amable atención; no intentes cambiarlas o suprimirlas. Permite que todos los pensamientos e imágenes, todas las historias y juicios vayan y vengan en tu cálida presencia. Permite que floten como nubes en el cielo. ¿Qué más notas aquí donde estás? Puedes poner la mano en la parte de ti que se siente sola, si quieres...

[Pone las manos sobre el estómago.]

—Es curioso. A medida que presto atención, la atención se va aflojando. Hay más espacio alrededor del sentimiento de soledad. Es como si estuviera sostenido por algo... Algo grande, espacioso...

—¿Se siente sola esta sensación de espacio?

—No. La siento... íntima. Abierta. Viva. No sola. Siento que puedo respirar...

Cuando dejamos de distraernos y nos sumergimos, valerosamente, en el centro de cualquier sentimiento, positivo o negativo, correcto o incorrecto, cómodo o incómodo, redescubrimos el vasto océano que somos. Todo sentimiento está hecho de una inteligencia indescriptible y contiene un mensaje oculto.

EL PLAN

Con cada una de nuestras respiraciones
nos conectamos al enorme vacío.

Observamos el eclipse de alguna otra luna
en algún otro cielo.

No sabemos los nombres unos de otros
aunque estamos cerca.

Y, contra todo consejo en sentido contrario,
cabalgamos sin un plan.

Ya no tenemos nada a lo que agarrarnos
aparte de esta sensación maravillada de estar vivos;

nada que seguir excepto el camino sin marcas
de no necesitar saber nunca;

nada a lo que denominar «real»
excepto, quizá, este amor,
esta gracia inesperada.

¿Sabes?, querido, querida,
todo viaje comienza y acaba.
Excepto este.

PORTALES DE GRACIA

El contacto con la mano de una persona amada. El calor
de una taza de té recién hecho. Una gota de rocío de la mañana cayendo en silencio de una brizna de hierba, casi sin que
nadie lo advierta. Estos momentos ordinarios que se nos dan
sin preguntarnos. Aunque en realidad no son «momentos ordinarios» en modo alguno. Son portales de gracia; entradas

sin puerta hechas del rocío de la mañana, del canto de los pájaros y de corazones de manzana que han sido arrojados. Son portales que llevan a un mundo desconocido que se parece mucho al nuestro, un mundo que es atestiguado sin que exista un testigo y que es previo a la aparición del pensamiento.

«Entra aquí —susurran al unísono estos portales—, y pierde tu inteligencia.»

TU FASCINANTE INCONSISTENCIA

Puedes contar toda clase de historias sobre ti mismo: «soy bueno», «soy malo», «soy amable», «soy perfecto», «estoy iluminado», «no me lo merezco», «soy un fracasado», «soy guapo», «soy feo», etcétera.

Pero todo esto son *conclusiones* mentales sobre algo que no es ninguna «cosa» en absoluto; algo vivo, que está siempre moviéndose y renovándose a sí mismo; algo que no es nunca una conclusión. Eres un inmenso océano, un fuego salvaje, dinámico, indomable e inconsistente; no algo estático o fijo en el tiempo o el espacio. ¿Por qué llegar a cualquier tipo de conclusión acerca de ti mismo? Ninguna conclusión puede ser lo que en verdad eres, puesto que tú estás más allá de todas las conclusiones, incluso de esta, y aun así hay espacio suficiente en ti para todas las conclusiones.

Pero la vida no es una conclusión. Las conclusiones tan solo están ahí para ser barridas y quemadas en el fuego de la vida. ¿Por qué limitarte a ti mismo a un concepto? ¿Por qué fijarte a ti mismo en el espacio y en el tiempo? Sé el «yo» fascinantemente inconsistente que eres. No seas un «yo» limitado a una palabra, un concepto, una idea o una imagen, o incluso limitado en el tiempo, sino el inmenso e indefinible Yo del océano, tremendamente abierto y profundamente aceptador de todas sus queridas olas, si bien no definido por ninguna de ellas, no limitado a ninguna de ellas.

MÁS ALLÁ DE ARRIBA Y DE ABAJO

Es agotador intentar o pretender estar «arriba» todo el tiempo. Es un gran alivio abrazar también «abajo» y ver «arriba» y «abajo» como parte del equilibrio grande y perfecto de la vida. Y conocernos a nosotros mismos más allá de ambos, como el enorme espacio abierto que abraza esas hondas y flechas, esas tribulaciones y triunfos de la existencia, y no está atrapado por nada de ello. Altibajos, tragedias y comedias, dicha y aburrimiento, autobuses que pasan tarde, nacimientos y entierros… Esto son las muchas caras del Uno, momento a momento, brillando intensamente.

EL CENTRO DE LA ANSIEDAD

Hablé con un hombre joven que estaba lidiando con una importante ansiedad. Ninguna de las «curas para la ansiedad» que le habían ofrecido le había funcionado.

Lo invité a que dejara de intentar acabar con su ansiedad, tan solo por un momento. Lo invité a que dejara de imaginarse un futuro libre de ansiedad, o lleno de ella, y que fuera al encuentro de lo que se hallaba realmente ahí, justo en ese momento, en esa escena. Lo invité a que dejara caer la etiqueta «ansiedad», a que soltara esa palabra que había aprendido, a que saliera de su historia sobre el pasado y el futuro y mirara su experiencia actual con ojos frescos y sin ponerle ninguna etiqueta. ¿Qué pensamientos y sensaciones estaban apareciendo en ese momento?

Me dijo que había muchos pensamientos zumbando por ahí. Mucha actividad mental. Y ¿qué sentía en el cuerpo? Lo invité a que tomara contacto directo con este. Experimentaba intensas sensaciones oscilantes en el estómago y en el pecho. Le pregunté si, por un momento, podía permitir que toda esa actividad —pensamientos y sensaciones— estuviera ahí. Nunca antes lo había intentado, porque había estado demasiado ocupado combatiendo su «ansiedad»; un combate que, por supuesto, en realidad la había incrementado. Había estado haciendo de la ansiedad su enemiga; la había estado rechazando, había intentado suprimirla, sin haber llegado a conocerla íntimamente primero. En lugar de combatir las sensaciones del estómago, ¿podía soltar todas las etiquetas, todos los juicios, todas las descripciones, y reconocerse a sí mismo como el enorme espacio abierto donde estas sensaciones tenían permiso para ir y venir? ¿Podía ser amable con esas sensaciones, tan solo por un momento? ¿Podía la amabilidad ser la clave?

Empezó a sentir un poco de espacio alrededor de lo que había estado denominando «ansiedad». Era consciente de la ansiedad, de modo que esta no podía definir realmente quién era él. Ya no estaba atrapado en los sentimientos. Era más grande que ellos. Podía sostener su ansiedad, rodearla, abrazarla. Y también era más grande que los pensamientos y juicios. Tampoco estaba atrapado dentro de ellos, sino que él era el espacio donde estos tenían lugar. No lo definían.

Había sido capaz de girarse hacia su ansiedad y la había usado como una llamada al despertar, para ayudarse a recordar su auténtica inmensidad. Había descubierto que, en realidad, no existía ninguna «persona ansiosa». La ansiedad no podía definir o limitar la enormidad de quien era; tan solo existían pensamientos y sensaciones que habían sido etiquetados como «ansiedad» y que acto seguido habían sido rechazados. No era una víctima de la ansiedad; ahora era su padre amoroso, capaz de sostenerla mientras nacía, se expresaba y moría. Su ansiedad no necesitaba ser «curada»; necesitaba que se saliese a su encuentro para ser tocada y sostenida en el momento presente. No necesitaba ser eliminada; necesitaba que se la comprendiese. No quería destruirlo a él, sino que quería despertarlo. No fue un error que se sintiera ansioso.

Curarse en medio de la ansiedad...: ¡el último lugar donde se le habría ocurrido mirar!

UN HECHO CONSUMADO

¿Cómo puedes permitir este momento? ¿Cómo puedes aceptarlo? ¿No tendrías que estar separado de él, para aceptarlo? Pero ¿cómo puedes permitir el aire, la lluvia, la hierba que crece? ¿Cómo puedes permitir que los planetas giren en sus órbitas? ¿Cómo puedes permitir que el aire entre en tus pulmones? ¿Acaso no está, todo ello, ya permitido? ¿Acaso no es la vida exactamente tal como es en este mismo momento? ¿Cómo puedes permitir o dejar de permitir lo que ya está ahí? ¿No es acaso ya demasiado tarde para aceptar o rechazar este momento? ¿Cómo puedes entregarte a algo de lo que, para empezar, nunca estuviste separado? ¿Acaso no ha tenido ya lugar la Aceptación Más Profunda?

SOBRE LA SOLEDAD

La soledad es el recuerdo o imaginación de una conexión y un compañerismo pasados, una comparación dolorosa entre «lo que hay ahora» y «lo que hubo antes». Es una nostalgia imposible, un anhelo de volver al Hogar, puesto que el Hogar «ya no está aquí», sino en algún lugar aparentemente «alejado» de la presencia.

Deja de centrarte en lo que «falta» —la ausente presencia de «otro»— y limítate a recordar aquello que nunca falta ni faltará —tu propia presencia, intemporal y plena; tu verdadero Hogar— y nunca más volverás a sentirte solo, puesto que tu presencia *es* su presencia.

La soledad siempre acudirá, cuando necesite hacerlo, para recordarte que has olvidado recordar quién eres.

¿Cómo puedes estar solo si el universo entero ronronea a tus pies?

LAS LECCIONES DE LA MUERTE

Cuando morimos, no nos volvemos infinitos: siempre fuimos infinitos, de modo que no podemos morir.

Sentarse al lado de los moribundos es un gran privilegio. Ante la ausencia de un mañana, en un contexto de incertidumbre absoluta y de la ausencia de un futuro en este mundo, tan solo queda una intimidad total, una completa presencia, un profundo estar en el aquí.

Cada momento es absolutamente sagrado, como siempre fue. Cada respiración es valiosa. Cada palabra está ahí para ser completamente escuchada y saboreada; cada caricia reverbera a través de los siglos; cada mirada, todo lo que se dice y lo que no se dice, todo lo que es recordado y todo lo que se ha perdido en el tiempo, todo ello se halla sostenido en el enorme abrazo del Ahora, el único lugar que realmente conocemos, el único lugar que hemos conocido nunca. Lo que ocurra «después» es secundario frente a esta intimidad que es como un fuego, la cual no se ve tocada por la proximidad de la muerte ni por los sueños del mañana.

No puedes dejarme, porque yo soy tú y tú eres yo. Además, ¿adónde podríamos ir? Entra en mi corazón, donde siempre estuviste, y te llevaré conmigo.

EL HORNO DEL AMADO

Sale del Útero contigo.
Ve el mundo por vez primera.
No tiene más ojos que estos.

El mundo es su horno, su patio de fuego.

Crece contigo. Cambia. Le duele. Se regocija.
Aprende exactamente lo que tú aprendes.
Todos los condicionantes del mundo
no pueden condicionarlo.

Pasa por todos los ritos de pasaje.
Por el primer beso. Por el día de la boda. Por la graduación.
Lo siente todo con la misma intensidad que tú.

El día de tu jubilación, se jubila contigo.
Cuando mueren tus seres queridos, llora contigo.
También los echa de menos.

Sus lágrimas solo se secan cuando se secan las tuyas.

Se duerme contigo cada noche.
Te sostiene mientras avanzas por la quimioterapia.

Olvida tomar su medicación
en perfecta sincronía contigo.
No conoce lo bueno y lo malo.

Te da justo la energía que precisas
para permanecer donde estás.
Para que te sientes donde te sientas.
Para que te tiendas donde te tiendes.
No conoce el éxito ni el fracaso.

Se ensucia si tiene que hacerlo.

Cuando el dolor se vuelve insoportable,
susurra: «Aún estoy aquí.
Adopto insospechadas formas».

Su corazón se detiene cuando lo hace el tuyo.
Toma su última respiración contigo.
Ni tan siquiera en estos momentos puede irse.
Ni siquiera en estos momentos.

No sabe lo que es ir y venir.

Puedes gritar: «¿Dónde estás?
¿Por qué me has abandonado?».
Pero en ningún momento
quedó esta pregunta sin respuesta.

Puesto que tu grito es su grito,
y tu pregunta es su pregunta.

Se está llamando a Sí Mismo de regreso al Hogar
de esta manera
y no necesita jamás una respuesta.

¡Escucha!; puedes oír su llamada, siempre.

¡Escucha!; está ahí incluso
cuando no puedes oír su llamada.
Porque puede oír lo que tú oyes.
Ni más, ni menos.

Todos ardemos en su fuego
y nuestros huesos se funden en su amoroso abrazo.

No temas el horno del Amado.
Ya te ha tomado.

NOVIEMBRE

Cuanto más hondo esculpa la tristeza dentro tu ser,
mayor alegría podrá contener.

KAHLIL GIBRAN

LA ALIANZA REBELDE

¿Quién está dispuesto a mirar la vida a la cara?

¿Quién está dispuesto a abandonar sus conceptos de segunda mano sobre revelaciones de segunda mano, forjar su propio camino y ni aferrarse a los caminos de los demás ni rechazar ninguno de ellos? ¿Quién está dispuesto a no conformarse con respuestas fáciles, no importa lo consoladoras que puedan sonar estas palabras en medio de nuestro dolor?

¿Quién está dispuesto a soltar los clichés espirituales —«no hay un yo», «el libre albedrío es una ilusión», «todo es un concepto»— que una vez sonaron tan emocionantes, nuevos e incluso controvertidos y que ahora se sienten rancios, desgastados por el uso y un poco tristes?

¿Quién está dispuesto a arrojar sus libros, a dejar de citar sin parar a sus autoridades favoritas, a encontrar su lenguaje y su voz únicos y a sumergirse en una vida de primera mano, en una vida que nadie más ha vivido nunca ni podría vivir jamás?

¿Quién está dispuesto a sacrificar sus certezas, su credibilidad, su destreza intelectual y el denominado «éxito espiritual» para darse la oportunidad de experimentar plenamente la vida?

¿Quién está dispuesto a considerar que este día tal vez sea el último en que pueda experimentar cualquier cosa?

¿Quién está dispuesto a arriesgarlo todo por el rapto de la incertidumbre, la duda, los sueños rotos, el misterio y la sangre bombeada por unas venas revitalizadas?

¿Quién se unirá a mí en este fuego creativo?

EL MILAGRO

No existe algo así como un milagro divino por el que te das cuenta de que todo lo que forma parte de la experiencia presente es un milagro de Dios —cada sabor, cada sonido, cada olor, cada sentimiento vibrantemente vivo que surge de la inmensidad—. Así pues, las palabras *milagro* y *Dios* son innecesarias: basta con sencillamente vivir, aquí y ahora, respirando, sintiendo la expansión y la contracción del pecho, saboreando la riqueza e inmediatez del momento, tenga todo ello que ver con Dios o no, con un milagro o con otra cosa...

LOS JUEGOS DE LA ILUMINACIÓN

¡Tantos maestros espirituales! ¡Tantas enseñanzas! ¡Tantas palabras! ¡Tantos sabores entre los que escoger! ¿A quién creer?

Algunos hablan del despertar como de un acontecimiento. Tiene lugar un día y jamás vuelves a ser el mismo.

Otros se refieren al despertar como de un proceso. Los sucesos, los estados y las experiencias van y vienen, pero el viaje del despertar nunca termina; vamos cada vez más a lo profundo.

Algunos aseguran que no hay nadie aquí; ninguna persona, ningún yo, ninguna entidad que pudiese experimentar ningún suceso o llevar a cabo ningún tipo de viaje. Siendo esto así, ni tan siquiera tiene sentido hablar de ello. Pero siguen hablando de ello.

Otros permanecen en silencio. Otros proclaman tener la razón, ser dueños de la verdad, saber exactamente qué es el despertar y qué no es. Otros quieren que te afilies a su «club del despertar», que estés de su parte. Otros se burlan de las enseñanzas y los maestros que no siguen la línea oficial.

Todo esto forma parte del gran teatro de la vida. Mientras tanto, nosotros descansamos como testigos de la obra y nos deleitamos con sus múltiples colores.

UNA PARADOJA APASIONANTE

Esta es la comprensión esencial que se halla en el núcleo de todas las religiones y tradiciones espirituales del mundo: todos somos absoluta, radicalmente Uno, *y* todos somos expresiones totalmente únicas *de* este Uno.

En nuestra esencia somos todos el mismo océano —la consciencia misma—, pero cada uno de nosotros es una ola totalmente única e irrepetible, una expresión original de la indescriptible fuerza de la vida.

Somos individuales pero indivisibles; somos uno pero no somos el mismo. Y caer demasiado profundamente en la polaridad de este equilibrio universal conduce al sufrimiento.

Este sufrimiento puede ser de dos clases. Por una parte, puede consistir en una depresión o una neurosis: nos empantanamos en nuestra historia personal, con todos sus miedos, y nos agotamos en nuestra búsqueda incesante de mejorarnos, perfeccionarnos y salvarnos en el futuro. Por otra parte, el sufrimiento puede adoptar la forma de la deriva espiritual y la trascendencia prematura: nos desapegamos de nuestro cuerpo, reprimimos o incluso negamos nuestra humanidad, perdemos nuestro humor y humildad, pretendemos estar «por encima» de los asuntos mundanos y flotamos en estados trascendentes y desarraigados, felizmente dolorosos, tal vez psicóticos, en los que perdemos el alma, entendida aquí como el amor y la compasión esenciales hacia nosotros mismos y toda la humanidad.

Vivir apasionadamente con la paradoja de lo absoluto y lo relativo, de todo y nada, de lo personal y lo impersonal, de ser el océano y —exactamente en el mismo momento— ser una ola única e irrepetible del océano, ver el misterio e incluso el chiste y la alegría en esta paradoja, bailar con ella sin intentar «resolverla» o llegar a conclusiones mentales sobre ella es el centro neurálgico de la aventura creativa que denominamos vida.

El Absoluto no es absoluto; se relativiza absolutamente a sí mismo. Y esto es el amor.

SUEÑOS

¡Soñar! ¡Sí, soñar! Pero sostener estos sueños en un abrazo dulce, ligero como una pluma, sabiendo que los amamos incluso aunque no puedan sostenerse a sí mismos, incluso cuando se desmoronan y se convierten en polvo.

¡Soñar! ¡Sí, soñar! Pero reconocerte a ti mismo como el trasfondo tranquilo y silencioso de estos sueños y su fracaso, conocerte a ti mismo como la vigilia que ama soñar aunque está siempre despierta.

Así pues, ¡sueña, ten esperanzas, cambia y busca cambiar, lucha por quienes no tienen voz! Pero sé consciente de que eres siempre el Hogar, y de que incluso en medio de los escombros de los planes y esperanzas frustrados, y de los sueños rotos, en la pérdida que siempre has temido, en la ausencia de un futuro, diré tu nombre, te buscaré en la oscuridad, tomaré tu mano y te enseñaré un tipo de amor con el que nunca podrías haber soñado. Amigo, lo estás haciendo mejor de lo que nunca pudiste imaginar.

LO QUE CAMBIA Y LO QUE NO CAMBIA

El sol sale y se pone en el cielo, al que nunca llama «cielo». ¿Qué es lo que nunca cambia?

El universo se expande, se contrae y se expande de nuevo. ¿Qué es lo que nunca cambia?

Los organismos nacen y pronto fallecen y descansan en paz. ¿Qué es lo que nunca cambia?

El aire entra y sale de los pulmones, entra y sale. ¿Qué es lo que nunca cambia?

Las estaciones se suceden en un abrir y cerrar de ojos. ¿Qué es lo que nunca cambia?

Lo experimentas todo: las risas y las lágrimas, la felicidad y el aburrimiento, las adversidades de la existencia... ¿Qué es lo que nunca cambia?

Lo que nunca cambia es la constancia del cambio. ¡El cambio es absolutamente digno de confianza!

Y en medio del cambio inevitable, ¿qué es lo que nunca cambia? Aquello que reconoce el cambio como cambio. Aquello que ve el cambio y dice: «cambio». Aquello que ve el cambio no cambia con el cambio; de otro modo, no se podría reconocer el cambio. Lo reconocemos a causa del contraste, y este reconocimiento es una expresión de inteligencia infinita.

Estás presente e inmóvil, eres inmutable, no tienes edad. Nunca cambias con el cambio, pero asistes con fascinación y asombro, maravillado, al desarrollo siempre cambiante de la vida. Abrazas de manera natural el cambio, pero tú nunca cambias. Este es el motivo por el cual, en lo profundo de ti, siempre has sentido como si no hubieras envejecido, aunque tu cuerpo lo haya hecho. El cambio nunca es tu enemigo, sino que es tu aliado y compañero más fiel. Es por eso por lo que la manifestación puede experimentarse.

Pensamientos, sensaciones, sentimientos. Galaxias moviéndose en la oscuridad de la mañana, planetas girando en sus órbitas acostumbradas, los pájaros cantando canciones espontáneas de alegría en primavera, las cenizas de tu abuelo esparcidas por el río en el que chapoteó con gozo cuando era niño, sin saber lo que estaba por venir. Todo esto se derramó fuera de tu viejo corazón. No pudiste contener toda esta creatividad.

EL VACÍO Y LA FORMA

Los científicos saben ahora aquello que los místicos descubrieron hace mucho: que la energía es materia, que la materia es energía y que todo es Uno, y que el Uno es para todos, no tan solo para unos cuantos afortunados o elegidos. Lo que es material es espiritual; no hay división.

El pensamiento humano abstracto, en su búsqueda de un sentido fijo e invariable en un universo desarraigado, dividió una realidad indivisible en fragmentos, objetos y cosas aislados, y después los tomó por la auténtica realidad. Fuera del enorme e inabarcable océano del Ser, dijimos «yo» y «mundo» y nos dividimos como una entidad separada, y nos sumergimos en una búsqueda de toda la vida del Hogar-mundo que nunca dejamos. Adoramos falsos ídolos, los ídolos del pensamiento, y vivimos como un «yo» en un «mundo» separado, al haber olvidado que nuestra verdadera naturaleza es la vida misma y anhelando descansar.

Pero no importa. Porque la materia es energía, y la energía es materia, y en este momento no importa que alguna vez soñáramos con abandonar el Hogar. ¡Despierta! Porque aún estamos Aquí, y porque todavía es Ahora, y la Unicidad nunca cambia en medio del cambio interminable. La energía no puede crearse o destruirse, de modo que todo está bien, hijo; todo está bien.

Esa mirada en los ojos de tu padre mientras pasa al infinito lo dice todo. El amor tan solo puede reciclarse a sí mismo.

Un trillón de años luz a lo lejos, unos cometas salen disparados a través de lo oscuro. En silencio.

LAS ESTACIONES DEL DESPERTAR

El despertar espiritual no es un camino lineal hacia una meta fija, y tampoco es la ausencia total de un camino. ¿Quién podría negar la apariencia del cambio, de la evolución y del progresivo avance hacia comprensiones más profundas?

Es un sendero circular, un sendero de canciones y poesía que siempre regresa donde empezó, siempre señalándonos el punto en que ya estamos. Su origen es su destino y su destino es su origen, del mismo modo en que da paso al verano, después al otoño y al invierno pero la primavera siempre regresa, la misma primavera, la misma frescura, esencialmente inalterada por el paso del año. Pero, aun así, la primavera no es nunca la misma.

El despertar no es un camino. Tampoco carece de camino. Es como las estaciones: siempre cambia y aun así es siempre el mismo, intemporalmente estable pero radicalmente abierto a la impermanencia, desnudo frente a la agridulce desaparición de las cosas.

DESCANSO

Un sorbo de té. El suave y último toque de la mano de alguien amado. La ráfaga de un hormigueo que surge a través del cuerpo. Un extraño que se convierte en un viejo amigo de la noche a la mañana. El pitido incesante de un dispositivo de control de suero intravenoso. El escozor de una aguja que no entrará en la vena. El canto medio alegre y medio triste de un pájaro por la mañana. Una brisa de la tarde, suave en tu mejilla. Este es el primer y último día de tu vida. El éxtasis y la colada. El amor y el dolor. Una normalidad impresionante, rica en milagros, rebosante de gracia más allá de nuestra concepción de ella. La finalización de la vida dentro de su misma aparición. Así que descansa, buscador fatigado. Descansa en esto. Siempre.

EL MOMENTO IRRESISTIBLE

Admítelo: has fallado estrepitosamente a la hora de resistirte a este momento. ¡Este momento es completamente

irresistible para ti! Estos pensamientos, sensaciones, sentimientos y sonidos ya están aquí. Ya están surgiendo y disol-
viéndose libremente en lo que eres. Nada ha podido impe-
dírselo. Sencillamente, no hay ningún «tú» interponiéndose
en el camino de la vida. No hay límites. No hay barreras. Las
compuertas ya están abiertas y la vida se está derramando.
Totalmente desnuda.

¡Iza la bandera blanca, soldado!

EL YOGA DE LAS RELACIONES

Las relaciones más sanas no son necesariamente las que
parecen más «felices» a simple vista. No son necesariamente
aquellas en las que se ve a dos personas siempre agarradas de la
mano, riendo, bailando y cantando con las mariposas; aquellas
relaciones en las que nunca nada «va mal» y la vida siempre es
perfecta. La perfección exterior puede enmascarar fácilmente la desolación interna, la desconexión y una desesperación
silenciosa por ser libre, o al menos por estar solo.

Las relaciones sanas son las relaciones honestas, aquellas que no siempre pueden parecer «felices» o «despreocu-
padas» vistas desde fuera. Esas que pueden no encajar con
la imagen que tiene la sociedad de cómo «debe» o «debería» ser una relación. Son esas relaciones en que dos personas se dicen las verdades y expresan continuamente sus ideas
preconcebidas sobre la otra. Son esas relaciones que se ven
continuamente renovadas en el horno de la honestidad. Esas
relaciones en las que puede haber rupturas, malentendidos,
incluso sentimientos intensos de duda y desconexión, pero
en las que existe la voluntad mutua de afrontar el caos aparente e ir adelante. La voluntad de mirar —con honestidad— la

ruptura actual y no volverse o aferrarse al pasado. La voluntad de sentarse juntos cuando los sueños y expectativas mutuos se han venido abajo para buscar un espacio de reconexión, aquí, ahora, hoy. Las relaciones sanas son aquellas que son vistas como el yoga último: como una aventura continua y un re-descubrimiento cada vez más profundo el uno del otro, como un encuentro constante; no como un destino futuro, un final fijado, un punto de llegada o una historia pertinente que contar a los demás en el contexto de una conversación educada.

Como nos recuerda Eckhart Tolle, las relaciones no están aquí para hacernos felices, puesto que la verdadera felicidad reside en nuestro interior. Están aquí para hacernos profundamente conscientes.

SOLO BAJO LA LLUVIA

Caminar solo bajo la lluvia bañado por la consciencia, empapado por la consciencia; la consciencia en forma de gotas de lluvia y del cuerpo sobre el que caen, de las salpicaduras en la acera, de la inteligencia incomprensible que abre el paraguas exactamente en el momento justo, haciendo burla del concepto de la existencia o inexistencia de un «yo» separado.

Las gotas de lluvia nos susurran que la iluminación que buscamos no consiste en un frío desapego, o en una insensible negación del mundo, o en trascender el denominado mundo «material». No; es la inexpresable intimidad con la apariencia de la forma, con el paisaje siempre cambiante de la acuarela de la vida, con sus colores siempre corriendo por las cunetas del vacío. «Ámanos —susurran las gotas—. Eso es todo.»

Y me sonrío ante la seriedad y la inocencia loca, cósmica, de la búsqueda espiritual, la búsqueda de algo más que *esto*. Puesto que ¿quién podría querer o buscar algo más que lo que ya se le ha dado?

La lluvia sigue cayendo y yo sigo andando, abrazado por un amor sin nombre.

DICIEMBRE

No es un grito que oigas por la noche;
no es alguien que haya visto la luz.
Es un frío y roto Aleluya.

LEONARD COHEN,
Aleluya (versión de Jeff Buckley)

LA CÁMARA ACORAZADA

Hay una cámara acorazada que contiene todo aquello que has estado siempre anhelando, todas las riquezas del universo.

Te pasas la vida intentando abrir la cámara, por medio de esforzarte, meditar, trascender, adorar a un gurú, creer, rechazar, aceptar, rezar, indagar en ti mismo, practicar yoga, etcétera. Finalmente, exhausto, dejas de intentar abrir la cámara... y es entonces cuando se abre por sí misma. De hecho, nunca estuvo cerrada.

¿Qué hay dentro de la cámara? *Este momento, exactamente tal como es.*

Siempre lo supiste.

LA MUERTE DEL MAÑANA

Cuando trabajaba como cuidador a domicilio, una mañana me encontré quitando las heces de encima de los testículos hinchados, gigantescos, de un hombre. Se estaba muriendo de un cáncer que se le había extendido a lo largo de los testículos y la próstata; por la noche había defecado y las heces se habían desparramado por la zona. Nos reímos mucho juntos y charlamos sobre fútbol y las últimas noticias mientras lo limpiaba. Apenas podía moverse, por los dolores y la inflamación que tenía por todas partes. Era yo mismo disfrazado.

Le quedaban unas pocas semanas de vida pero estaba muy vivo, muy en el aquí y el ahora; no había en él rastro de autocompasión, ninguna pérdida de dignidad; tan solo había lo que estaba sucediendo en el momento.

De alguna forma había encontrado una manera de aceptar profundamente sus circunstancias, aunque su vida no hubiese ido de la manera que había soñado cuando era más joven y tenía tiempo de soñar. Ese día tardé unas dos horas en prepararlo: levantarlo de la cama sucia, lavarlo, vestirlo y sentarlo en su sillón favorito. No vivió mucho después de ese día. Pero siempre le recordaré.

Aunque nunca venga el mañana, no somos menos que divinos.

INOLVIDABLE

Ama, sabiendo que la persona a quien amas puede no estar aquí mañana, sabiendo que hoy puede ser vuestro último día para de veras encontraros, sabiendo que no puedes saber cómo termina la historia. ¿Qué queda en la vida cuando no tienes nada que perder?

Permite que el otro te importe, profundamente, hasta que duela y a pesar de lo que digan los demás, a pesar del ridículo, el rechazo y las incomprensiones; permite que el otro te importe tanto que ya no te importe lo que a ti te ocurra.

Sumérgete, sumérgete de buena gana en el misterio agridulce del amor, no sabiendo nunca qué es el amor y amando de todos modos, como un tonto, como un niño asombrado, como un loco, como alguien que ha olvidado cómo ser cínico o cómo tener la razón.

Ama hasta que tu voz y tus piernas tiemblen y tu corazón palpite con fuerza, hasta que tus filosofías se reduzcan a polvo y tu inteligencia incline su cabeza con vergüenza y reverencia.

Se te llevará a los lugares más oscuros, y tu corazón lo echarán al fuego aquellos a quienes nunca pudiste abrírselo, y se te recordará lo que siempre has sabido, secretamente:

Con el tiempo lo olvidarás todo, excepto cómo morir y cómo amar.

UNA CAMPANA DE MEDITACIÓN

Gran parte de nuestro sufrimiento se reduce al miedo a la pérdida del control, a una resistencia al caos, a una frenética búsqueda de algún tipo de orden en medio de una tormenta pasajera.

Pero el caos puede ser, en realidad, un gran sanador. A veces la tormenta tiene que estallar, necesita hacer estragos. A veces hay que mover energías poderosas y sentirlas con fuerza. A veces los sentimientos tienen que hacerse más intensos antes de que puedan disolverse. A veces los corazones han de romperse y abrirse de par en par. A veces, los sueños y planes arcaicos tienen que caerse para hacer sitio para lo nuevo e inesperado. A veces las relaciones deben cambiar de forma, un viejo sentido del yo necesita morir y estructuras familiares precisan desmoronarse, aunque la mente quiera que permanezcan iguales.

Nos vemos sumergidos en el caos y el desorden de no saber qué o quiénes somos, y buscamos desesperadamente algo a lo que aferrarnos; nos sentimos desamparados y buscamos el hogar. Pero la tormenta contiene una invitación poderosa a la presencia, tu verdadero hogar más allá de tu hogar terreno. El caos nos invita a recordar la verdadera fuerza del orden y el poder inquebrantables: nosotros mismos.

«NO BUSQUES LA FELICIDAD FUERA DE TI», ruge la tormenta. Sufrirás hasta que te des cuenta de esto, y después sufrirás cada vez que lo olvides. Así que el sufrimiento no es un enemigo, sino una campana de meditación en medio de una tormenta, una parte de la ingeniosa invitación de la vida.

ENCUÉNTRATE CON LOS SENTIMIENTOS SIN AÑADIRLES TU HISTORIA

La próxima vez que una ola de tristeza, ira, duda, miedo o algún tipo de desesperación sin nombre aparezca en el momento presente, pregúntate: ¿puedo sencillamente permitir que este movimiento de la vida acontezca, ahora? No intentes encontrar su causa o solución; no intentes analizarlo o averiguar las respuestas en ese mismo momento. Las respuestas pueden acudir con el tiempo. Las soluciones pueden aparecer. Pero justo ahora está la invitación a conocerte a ti mismo, en medio del caos, como el espacio totalmente abierto a todo lo que aparece, como la capacidad de ello, como el hogar de ello; no como su víctima o esclavo. Permite que todos los sentimientos se vean abrazados por los brazos amorosos de tu presencia, tan solo por un momento. Aun si el pensamiento intenta alejar «lo que hay», o juzgarlo, o escindirlo en planes y lamentos, date cuenta de que incluso los movimientos del pensamiento son permitidos en la amplia conciencia que eres. Advierte que siempre hay suficiente espacio aquí, incluso para sentimientos de limitación y carencia.

Nada puede distraerte de la meditación cuando todo forma parte de ella. Es una meditación sin un sendero, sin un objetivo, sin un guion. Es encontrarte con todo lo que surge dentro de ti como si se tratara de un buen amigo.

UN HOGAR PARA LOS PENSAMIENTOS

La paz y la satisfacción naturales significan conocerte a ti mismo como el espacio amplio donde los pensamientos van y vienen, y no como el «pensador» o «controlador» de estos pensamientos. Tú no tienes pensamientos, sino que los provees, de forma natural, de un espacio, hogar y lugar de descanso. Los pensamientos también son tus hijos y merecen un hogar.

Desde el momento en que puedes advertir los pensamientos, ser consciente de ellos y reconocerlos como pensamientos, está claro que no pueden definirte, limitarte o contenerte. Si pudiesen hacerlo, nunca podrías decir «esto es un pensamiento». Justo detrás de tus pensamientos, alrededor de sus bordes e infundiéndolos todos está la vastedad indescriptible que eres.

NUNCA RECHACES LO QUE EXPERIMENTAS

Así pues, establece el compromiso radical de no rechazar nunca lo que experimentes. Arraigados en el conocimiento inamovible —que no tiene nada que ver con la idea limitada que tiene la mente de la certeza— de que a cada sensación, sonido, olor, pensamiento, imagen y posible sentimiento ya le está profundamente permitido moverse y expresarse en nosotros, y reconociéndonos a nosotros mismos como el cálido abrazo oceánico de estos queridos hijos, sencillamente dejemos de dudar de nuestra capacidad ilimitada de afrontar la vida.

Y si aparece la duda, si lo que estamos afrontando ahora es la sensación de ser «incapaces de afrontar la vida», sencillamente advirtamos que incluso estas olas están permitidas —ya están permitidas, intemporalmente, en la ilimitada capacidad que somos.

Y ¿con qué se nos deja? Tan solo con una gratitud indescriptible por la más pequeña e «insignificante» de las cosas: una respiración. El sabor de una naranja. La vitalidad indomable e innombrable que llamamos cuerpo. El misterio salvaje de los ojos.

Vive, querido amigo, vive este día, este día ordinario, este día sagrado, este día único, sabiendo que de algún modo incomprensible ya ha colmado el auténtico deseo de tu corazón.

El corazón se rompe en un millón de pedazos por puro éxtasis, porque finalmente te has acordado de no abandonarte nunca a ti mismo.

LAS GOTAS DE LA LLUVIA

La lluvia no cae toda a la vez. Llega al suelo no como alguna entidad llamada lluvia sino gota a gota, momento a momento, impersonal y libre. *Lluvia* no es más que una metáfora.

El pensamiento recuerda la última gota y anticipa la siguiente. Es así como se crea el sufrimiento. El hecho de recordar la última gota, y las muchas gotas anteriores a ella, añade la pesadez de «mi doloroso y oneroso pasado» a la gota del momento. El recuerdo de la ausencia de lluvia de ayer, de la sequedad de ayer, incluso del brillo del sol de ayer, añade el dolor de la nostalgia y el pesar a la gota del momento.

Soñar en la próxima gota y en las muchas gotas que están por venir, proyectando un futuro aguacero, añade la ansiedad de «mi doloroso y pesado futuro» a la gota del momento.

Pero en realidad, si quitamos la historia y los sueños de futuro, tan solo hay la fresca y nueva gota del momento. Y tanto si la actual gota-dolor es enorme e intensa como si es suave y amorosa, está teniendo lugar siempre Ahora. Estamos siempre a salvo de los estragos del tiempo.

La lluvia no cae toda a la vez.

LA ASCENSIÓN

El despertar. La iluminación. Niveles cada vez más altos de consciencia. Buscar la luz. Convertirse en la luz. Ser la luz. Ir más allá de la luz. Recibir una transmisión. Dar una transmisión. Sentarse a los pies del gurú. La emoción. *El gurú debe de saberlo.* Quemar incienso. Leer libros espirituales. Cantar. Meditar. Hacer yoga. Liberar al niño interior. *Llegar allí, llegar allí.* Descubrir el verdadero yo. Trascender el ego. Ir más allá de la mente. Ascender. Descender. Ascender de nuevo. Abrir los *chakras.* Conseguir poderes inimaginables. Milagros. Hazañas inexplicables. Sucesos misteriosos. Comprensión tras comprensión. Ser humano. Ser no humano. Ser transhumano. Ser metahumano. Ir más allá de la dualidad. Ir más allá de ir más allá de la dualidad. Ir más allá de «ir más allá de ir más allá». Preguntarse quién va más allá. Ver la no existencia del «yo». La fuente del Yo. Preguntarse quién ve, quién pregunta...

Detente, amigo. Respira. La mano de tu anciano padre roza la tuya mientras camináis juntos por el parque. Un momento irrepetible. Un contacto. Una insurrección.

«Permanece aquí —susurra—. Cuentas tan solo con este momento. Permanece aquí.»

UNA ORACIÓN PARA LOS MORIBUNDOS

Vida,
permíteles luchar para comprender
hasta que haya tan solo confusión,
y en el centro de esa confusión
muéstrales su claridad inherente.

Dales valor por medio de quitarles toda esperanza
y permíteles llorar hasta que les duela el estómago,
hasta que sus lágrimas se fundan en risas.

Ámalos destruyéndolos.

Y cuando estén más solos que nunca,
muéstrales una intimidad
que no pueden imaginar siquiera.

Hazlos sufrir hasta que se agoten de luchar contra Ti;
haz que su dolor sea tan grande
que todos sus conceptos se conviertan en polvo y cenizas.

No permitas que sepan nunca qué están buscando,
pero haz que, de todos modos, sigan buscando,
como si sus vidas dependiesen de ello.

Dales tiempo para leer sus libros
y escuchar a sus maestros;
dales tiempo para que construyan
montañas de conocimiento;
dales certeza, orgullo y sensación de seguridad.

Y permite después que sus libros se pudran,
convierte sus maestros en hipócritas
y haz que duden de todo lo que aprendieron,
y que lo olviden.

Todo.

Y haz que permanezcan solos frente a Ti,
desnudos y desprotegidos.
Permíteles temblar,
permíteles estremecerse por el miedo,
permite que les caigan todas las máscaras y pretensiones.
Y después permíteles acceder al mayor secreto:
que son amados más allá de lo expresable,
en su desnudez, en su fracaso, en su quebranto,
en todo aquello de lo que estaban huyendo.

Que son tú.
Que tu rostro es el suyo.
Que nunca ocurrió nada.

NADA QUE PERDER

Haz aquello que tu corazón ha estado siempre esperando, o deja que se haga.

¿Cuál es el riesgo? ¿Perderlo todo? Entonces piérdelo todo. ¿La experiencia del fracaso? Entonces experimenta el fracaso, saboréalo; encuentra un nuevo tipo de éxito en él. ¿El rechazo? Entonces ábrete a la gloria del rechazo. Abre tu corazón de par en par a aquellos que te rechazan; ve su dolor y perdónalos por él. ¿El ridículo? Entonces enamórate de las voces del ridículo; velas como tus bebés queridos, como tus propias voces necesitadas de amorosa atención.

La vida es demasiado valiosa para desperdiciarla y demasiado inmediata para posponerla. Lo «peor» que puede pasar es que tu cuerpo sufra algún daño o que tu imagen se venga abajo. Ninguna de las dos cosas es aquello que eres. No tienes nada que perder, excepto tal vez tu orgullo imaginario, tu ego asustado, el cual, de cualquier modo, anhela secretamente arder en el horno del vivir...

ZAPATILLAS DE RUBÍES

No existen momentos ordinarios. Siempre lo hemos sabido, en lo profundo, porque una vez fuimos jóvenes, y aún lo somos. Tan solo pretendíamos «hacernos hombres» —o «mujeres»—. La vida sigue siendo la aventura cósmica que siempre fue. Tú eres perfecto exactamente tal como eres.

No es el «yo» el que despierta. El despertar no puede entrar en la historia, puesto que está más allá del tiempo y el espacio y no puede constituir ningún tipo de conclusión para una «persona». El despertar es para el espejismo del «yo», con su abanico de proyectos, sus planes, sus conclusiones, su incesante búsqueda de más y su inacabable sostenimiento de una imagen, incluida la imagen de sí mismo como alguna clase de

mago de Oz, alguna clase de superhombre o de figura seme-
jante al Cristo, algún ser superdespierto enviado por el cielo
para salvar a los mortales.

Para algunos, el despertar es repentino. Para muchos, es
progresivo; va aconteciendo a lo largo de la vida. Para todos
es intemporal, y el destino es también el mismo para todos:
la Fuente, la Presencia, el Hogar.

Y el destino es el origen, y todo apunta a este momento exactamente tal como es, justo ahora. Este momento es
asombrosamente ordinario y a la vez tan vasto como el universo, tan rico y pleno como el Ganges al amanecer, tan precioso como esa mirada en los ojos de tu hijo, muy fácilmente
olvidado, muy fácilmente evocado.

No hay ningún sitio como el Hogar: el momento presente. La Ciudad Esmeralda, por más colorida e interesante
que sea, ni tan siquiera se acerca a la intimidad y majestad
de un solo instante de vida. Únicamente promesas vacías de
urraca habitan esa ciudad brillante de luces y sombras y el
seguir, seguir, seguir, seguir y seguir de falsos profetas que viven y
mueren por el lucro.

No hay ningún sitio como el Hogar. Junta tres veces los ta-
lones y dilo. No tienes nada que perder.

GRATITUD

A pesar del dolor y la desesperación, a pesar de las veces
que pensé que nunca lo lograría, a pesar de los días en que la
mente parecía una cámara de tortura y el cuerpo una cárcel, a
pesar de los años de dolor y profunda alineación respecto de
mi auténtica naturaleza, mi vida ha sido una vida bendecida,
una vida de riquezas indescriptibles. No me habría gustado

que todo hubiese ido de otra forma ni podría haber ido de otra forma.

Si todo acaba mañana, si cae el telón, me veré reducido a una palabra; tan solo quedará una palabra. Esta palabra será la que empezó todo, y esta palabra será *Gratitud*.

Gracias. Por todo: por la luz y la oscuridad, por la ganancia y la pérdida, por el éxito y el fracaso, por el dolor y el placer, por la alegría y la tristeza, y por la indescriptible conciencia en la que todo vino y se fue, como el canto de un pájaro.

AGRADECIMIENTOS

Gracias a Nic Higham (www.nichigham.com) por su generosa ayuda con el diseño del texto y la cubierta, y a Matt Licata por su aliento interminable y hermoso prólogo. Madre, gracias por tus comentarios y tu amistad, y por haberme dado a luz. Julian y Catherine, es bueno estar en casa. Robin, Barry, Sid, John, Yoko, Menno, Jeannine y Mike, gracias por vuestra amistad y aliento a lo largo de los años. Y gracias a todas las otras estrellas brillantes, incontables en número, que hicieron que todo fuera posible. Muchas gracias desde el fondo de mi corazón.

ÍNDICE

Índice

Índice